Stefan Schmillen

Die Europäische Bankenunion als Mittel einer einheitlichen Finanzaufsicht

Instrumente und Funktionen zur einheitlichen Finanzmarktregulierung

Bibliografische Information der Deutschen Nationalbibliothek:

Die Deutsche Nationalbibliothek verzeichnet diese Publikation in der Deutschen Nationalbibliografie; detaillierte bibliografische Daten sind im Internet über http://dnb.d-nb.de abrufbar.

Impressum:

Copyright © EconoBooks 2020

Ein Imprint der GRIN Publishing GmbH, München

Druck und Bindung: Books on Demand GmbH, Norderstedt, Germany

Covergestaltung: GRIN Publishing GmbH

Inhaltsverzeichnis

Abbildungsverzeichnis

Abkürzungsverzeichnis

Abb.	= Abbildung
BCBS	= Basel Committee on Banking Supervision
BIP	= Bruttoinlandsprodukt
BRRD	= Bank Recovery and Resolution Directive
bzw.	= beziehungsweise
CDS	= Credit Default Swaps
CET 1	= Common Equity Tier 1
CET 2	= Common Equity Tier 2
CET 3	= Common Equity Tier 3
CRD IV	= Capital Requirements Directive IV
DGSD	= Deposit Guarantee Schemes Directive
EBA	= Europäische Bankenaufsichtsbehörde
EBU	= Europäische Bankenunion
EDIS	= European Deposit Insurance Scheme
EFSF	= Europäischen Finanzstabilisierungsfazilität
EOPIA	= European Insurance and Oppucapional Pensions Authority
ErwGr	= Erwägungsgrund
ESA	= European Supervisory Authorities
ESM	= Europäischer Stabilitätsmechanismus
ESMA	= European Securities and Markets Authority
ESRB	= European Systemic Risk Board
EU	= Europäische Union
EWU	= Europäische Währungsunion
EZB	= Europäische Zentralbank
i.d.R.	= in der Regel

JST3	–	Joint Supervisory Teams
LCR	=	Liquidity Coverage Ratio
Mio.	=	Millionen
Mrd.	=	Milliarden
MSen	=	Mitgliedsstaaten
NBA	=	national Bank authority
NSFR	=	Net Stable Funding Ratio
OMTP	=	Outright Monetary Transaction Programm
o.J.	=	ohne Jahr
RL	=	Richtlinie
SB	=	Supervisory Board
SBRF	=	Single Bank Resolution Fund
SRB	=	Single Resolution Board
SRF	=	Single Resolution Fund
SRM	=	Single Resolution Mechanism
SRM-VO	=	Single Resolution Mechanism Verordnung
SSM	=	Single Supervisory Mechanism
SSM-VO	=	Single Supervisory Mechanism Verordnung
US	=	United Staats
USA	=	United Staats of America
VO	=	Verordnung
z.B.	=	zum Beispiel

1 Einleitung

„Die Bankenunion schaffen wir als Lehre aus der Finanz- und Bankenkrise und als Lehre aus der Eurokrise. Die heute beschlossenen Maßnahmen sind ein wichtiger Schritt, um den Finanzsektor weiter zu stabilisieren und um das Vertrauen in die Stabilität unserer gemeinsamen Währung weiter zu stärken. Wir lassen Haftung und Verantwortlichkeit dort angesiedelt, wo auch die Zuständigkeit für die Entscheidungen ist. So wollen wir das Risiko, dass wieder die Steuerzahler wie in der Finanzkrise in die Haftung eintreten müssen, ausschließen."

(Schäuble, 2014)

Die vorliegende Arbeit beschäftigt sich mit der Frage, wie die europäische Banken- und Finanzmarktaufsicht, insbesondere als Reaktion auf die oben genannten Krisen, funktioniert und welche Instrumentarien ihr dabei zur Verfügung stehen. Denn aufgrund der durch die Krise in der Eurozone aufgezeigten Finanzarchitektonischen Schwachstellen, wurde die Dringlichkeit einer einheitlichen Bankenaufsicht in Verbindung mit einer einheitlichen Geldpolitik umso deutlicher. Nicht nur Schwachstellen der nationalen Finanzaufsichten wurden dabei schmerzlich deutlich, denn ebenfalls existierten keine einheitlichen und rechtsverbindlichen Regelungen für die Möglichkeit der Abwicklung einer in eine kritische Schieflage geratenen Bank. Insbesondere daraus, sowie aus einer mangelnden Vorschrift zur Unterlegung von Staatsanleihen mit Eigenkapital, entstand innerhalb der europäischen Währungsunion, im Weiteren als EWU bezeichnet, ein Risikoverbund aus Banken und Staaten durch welchen sich schließlich Banken- und Staatsschuldenkrisen gegenseitig vergrößerten. Aufgrund dessen stellen sich zur Stützung immense Schulden bei den Steuerzahlern ein, welche in der Literatur nirgends genau beziffert werden. Jedoch schlugen sich laut Deutscher Bundesbank bis Ende 2017 für die Stützungsmaßnahmen inländischer Finanzinstitute insgesamt 193 Mrd. Euro, was 5,9 % des Bruttoinlandsproduktes (BIP) entspricht, nieder. Weiterhin beliefen sich zudem die deutschen Hilfsmaßnahmen für andere Eurostaaten auf insgesamt 88 Mrd. Euro, was 2,7 % des BIP entspricht. (Vgl. Deutsche Bundesbank, 2018) Verteilt man die Summe dieser Stützungs- und Hilfsmaßnahmen auf die vom statistischen Bundesamt zum 31.12.2017 datierte Bevölkerungszahl Deutschlands in Höhe von 82.792.400 Einwohnern (Vgl. Statistisches Bundesamt, o.J), erhält man eine pro Kopf Verschuldungsquote von 3.394,03 €. Insbesondere deshalb wird mit einer europäischen Bankenunion der Zielkonflikt, bestehend aus einer

Belastung des Steuerzahlers sowie der Wahrung von Finanzmarktstabilität, zu durchbrechen versucht.

> „Im Zuge der Krise hat die Währungsunion einen herben Rückschlag in der Finanzmarktintegration erlitten. Ausschlaggebend hierfür war vor allem die negative Spirale zwischen Banken- und Länderrisiken. Andererseits hat die Krise aber auch Chancen für eine Weiterentwicklung mit sich gebracht. Diese Chance sollten wir nutzen."
>
> (Asmussen, 2013)

Um ein Grundverständnis für die weiteren Ausführungen zu schaffen, wird im zweiten Kapitel einleitend auf die Erfordernisse einer harmonisierten Banken- und Finanzmarktregulierung innerhalb der europäischen Währungsunion eingegangen. Entsprechend werden dabei in den folgenden Unterkapiteln die aus den Krisen entstandenen Probleme näher betrachtet, welche die Notwendigkeit nach einer europäischen Lösung für die Banken- und Finanzmarktregulierung innerhalb der EWU unausweichlich werden ließen.

Im darauffolgenden dritten Kapitel, erfolgt zunächst eine grobe Betrachtung der drei Säulen Politik innerhalb der europäischen Banken- und Finanzmarktregulierung. Anknüpfend daran folgt im ersten Unterkapitel eine detaillierte Darstellung der rechtlichen Rahmenbedingungen und Regelwerke. Weiterführend werden in den nächsten Unterkapiteln die jeweiligen Säulen erläutert. Darauf wird schließlich das Hauptaugenmerk dieser Arbeit liegen, um insbesondere die ausgegebenen Ziele, einer einheitlichen Regulierung, auf ihre Effizienz und Wirkung hin kritisch analysieren zu können.

Das vierte Kapitel dieser Arbeit befasst sich mit den Möglichkeiten einer Nachbesserung und behandelt dabei in zwei Unterkapiteln konkret die Gläubigerbeteiligung als auch die Eigenkapitalunterlegung von Staatsanleihen, in zwei Unterkapiteln. Den Schluss der Arbeit bildet eine kritische Bewertung der europäischen Banken- und Finanzmarktregulierung.

2 Erfordernis einer Banken- und Finanzmarktregulierung für die europäische Währungsunion

In diesem Kapitel wird zunächst auf die Gründe für ein Erfordernis der europäischen Banken- und Finanzmarktregulierung in der EWU, insbesondere als Reaktion aus den Ereignissen der Finanz-, Banken- und Eurokrise, eingegangen.

Eine Europäische Bankenunion, im weiteren als EBU bezeichnet, soll grundsätzlich dazu beitragen, bei Schieflagen von Banken eine Abwicklung sowie Restrukturierung leicht realisierbar zu gestalten, ohne dadurch die Steuerzahler zu beanspruchen sowie die Finanzmarktstabilität im Gesamten zu gefährden. Zudem soll die untereinander herrschende Abhängigkeit von Banken und Staaten gesenkt werden, welche insbesondere durch die Bankenrettungen im Zuge der Finanzmarktkrise von 2007 bis 2009 entstanden ist. Denn durch die vom US-Hypothekenmarkt hervorgebrachte Finanzkrise entstanden immense Ausfälle bei den europäischen Banken, welche zu den umfangreichsten Gläubigern von US-Banken gezählt haben. (Vgl. Acharya und Schnabl, 2010, Borio und Disyatat, 2011, Lindner, 2013 und Shin, 2012, zit. nach Lindner, Soemer und Theobald, 2014, S. 2)

Während der Krise entstand für die Regierungen ein Zielkonflikt, welcher zum einen die Belastung der Steuerzahler und zum anderen eine Gefährdung der Stabilität von Einlagen und des Zahlungssystems sowie vor allem der Finanzmärkte beinhaltete. Allerdings hatten die meisten Länder kein spezielles Insolvenzverfahren für Banken, durch welches diese hätten abgewickelt werden können ohne dabei die Stabilität der Staatsfinanzen zu gefährden. (Vgl. Zotter, 2012, S. 678 ff.)

Aufgrund des Fehlens solcher Verfahren können unkoordinierte Bankinsolvenzen das vollständige Finanzsystem beeinträchtigen, was vor allem im Oktober 2008 nach der Insolvenz der US-Investmentbank Lehman Brothers zu spüren war. Zwar gab es zu dieser Zeit in den USA ein Verfahren zur Abwicklung von Geschäftsbanken, jedoch aber nicht für Investmentbanken wie Lehman Brothers. Wegen der starken Vernetzung untereinander, der Verwaltung eines Hauptteiles der Einlagen ihrer Kunden sowie dem Praktizieren des Zahlungssystems ist die Bankeninsolvenz deutlich problematischer als bei anderen Unternehmen. Denn eine Beeinträchtigung des Zahlungssystems führt zu immensen ökonomischen und auch sozialen Verwerfungen, wenn Bürger kein Geld mehr von ihren Konten entnehmen oder Unternehmen ihre Arbeitnehmer sowie Zulieferer nicht weiter bezahlen können. (Vgl. Finance Watch, 2013, zit. nach Lindner, Soemer und Theobald, 2014, S. 2)

In Folge des zu geringen Eigenkapitals und einer zu großen untereinander herrschenden Verschuldung von Banken, führten Bankenkrisen im weiteren Verlauf ebenfalls zu Krisen bei anderen Banken, wodurch das ganze Bankensystem und dadurch auch das Zahlungssystem in Gefahr gerieten. Die US-Bankenkrise führte des Weiteren insbesondere zu Verlusten deutscher, britischer und französischer Banken, welche daraufhin ihre eigenen Forderungen an Banken aus Krisenländern der Eurozone gesenkt haben, was dort wiederum zu Bankenkrisen geführt hat. (Vgl. Lindner, Soemer und Theobald, 2014, S. 2)

Betitelt als umfangreichstes Integrationsprojekt seit Einführung des Euro, steht die EBU, nach Auffassung der zugehörigen nationalen und supranationalen[1] Institutionen, als das Kernstück zur dauerhaften Vermeidung erneuter Finanzkrisen in der EWU dar. Dadurch sollen entsprechend die Schwachpunkte der bereits eingangs thematisierten vormaligen Finanzmarktbeaufsichtigung und Regulierung ausgeräumt sowie ein weiterer Schritt zur Komplementierung des Binnenmarktes der EWU erreicht werden. (Vgl. Huß, 2015, S. 95)

Denn in Zeiten der Krise innerhalb der EWU wurden der einheitlichen Geldpolitik, im Zuge von Banken- und Staatsschuldenkrise, die Grenzen aufgezeigt. Daraufhin bedarf es ausgedehnter und umfassender Liquiditätsmaßnahmen zur Stützung des Bankensystems in der Eurozone. Insbesondere aufgrund der Weiterleitung ihrer geldpolitischen Impulse ist die Europäische Zentralbank, weiterhin als EZB betitelt, auf ein stabiles Bankensystem angewiesen. Allerdings schränkte die Staatschuldenkrise deren Wirkungsgrad enorm ein, sodass die EZB gezwungen war, zu den öffentlich stark kontrovers diskutierten Aufkäufen von Staatsanleihen zu greifen. (Vgl. Bauer und Demary, 2014, S. 6)

---

[1] überstaatlich, übernational (Dudenredaktion, o.J.a)

Zum einen kann durch eine Bankenunion der Teufelskreis zwischen Banken und Staaten durchbrochen werden, was ebenfalls zu einer Reintegration der Finanzmärkte beiträgt. Zum anderen kann durch eine einheitliche Banken- und Finanzmarktaufsicht herrschende nationale Befangenheit in Bankenaufsichten ausgeschlossen werden. Zudem trägt sie zu einer Lösung der Blockade im Transmissionsmechanismus[2] der Geldpolitik bei. (Vgl. Mersch, 2013a)

Die nachfolgenden vier Unterkapitel beziehen sich auf die bereits beschriebenen Probleme des Risikoverbundes aus Banken und Staaten, der nationalen Befangenheit in der Bankenaufsicht, der Blockade im Transmissionsmechanismus sowie der Wettbewerbsverzerrung wegen Systemrelevanz.

2.1 Risikoverbund aus Banken und Staaten

In der EWU sind die Banken grenzüberschreitend aktiv und dabei auch dicht mit ihren jeweiligen Staaten verflochten. Dadurch stellte sich ein Teufelskreis aus Banken- und Staatsschuldenkrise ein. Jene Bankenkrisen sorgen für Staatsschuldenkrisen, wenn die Staaten, um eine systemische Bankenkrise abzuwenden, genötigt sind, ihre bedeutsamen und mit dem restlichen Finanzsystem umfassend vernetzten Banken durch öffentliche Mittel zu retten. Da Banken über einen zu geringen Eigenkapitalanteil verfügen, um Defizite auffangen zu können, machen sie eine hohe Verschuldung umso krisenanfälliger. Zudem kann schon aufgrund einer gegenseitigen hohen Vernetzung der Banken untereinander die Insolvenz einer alleinigen großen und starken mit dem restlichen Bankensystem verbundenen Bank zu einer Systemkrise führen. Jedoch kann eine starke Verschuldung des Staates ebenfalls zu einer Destabilisierung des nationalen Bankensektors beitragen. Denn dadurch, dass die Banken einen enormen Anteil der einheimischen Staatsschuld halten, ohne diese mit Eigenkapital unterlegen zu müssen, sind sie bei Wertverlusten ihrer gehaltenen Staatsanleihen gezwungen Bilanzverluste zu verbuchen, welche ihr Eigenkapital reduzieren und sie folglich in eine finanzielle Schieflage bringen können. Dieser Zustand

---

[2] Beschreibt, wie sich eine geldpolitische Maßnahme, zum Beispiel die Änderung des Leitzinses, auf ökonomischen Variablen wie Preisniveau, Produktion und Beschäftigung überträgt. Die Transmission geldpolitischer Maßnahmen kann sich über unterschiedliche „Kanäle" vollziehen, wobei sich manche Wirkungen sehr rasch einstellen können, andere hingegen viel Zeit benötigen. Art und Umfang der Wirkungen auf das Endziel sind häufig unsicher. (Deutsche Bundesbank, o.J.a)

lässt wiederum staatliche Rettungsaktionen erforderlich werden. Hierzu kann Anhang 1 zur weiteren Veranschaulichung herangezogen werden. (Vgl. Bauer und Demary, 2014, S. 7 f.)

Treffen nationale Regierungen Schritte zur Rettung von Banken oder werden solche erwartet, steigen die Kreditkosten des Staats, wodurch sich die Refinanzierungskosten der Bank noch weiter erhöhen. Eine solche negative Rückkoppelung verschlechtert die nationalen Bemühungen zur Wiederherstellung stabiler öffentlicher Finanzen. Zudem hat steigender Druck an den Kredit- und Refinanzierungsmärkten zu einer Fragmentierung[3] des Bankensystems innerhalb der EWU geführt. Insbesondere in den Peripherieländern[4] sind die entsprechenden Refinanzierungskosten und die damit in Verbindung stehenden Kreditkosten gestiegen. Hierdurch sind Staaten, welche das Vertrauen der Märkte verlieren, immer häufiger auf beheimatete Finanzierungsquellen angewiesen, zeigen zudem weniger positive Effekte durch Zentralbankmaßnahmen und verbuchen zusätzlich öfter Kapitalabflüsse. Des Weiteren haben die verschiedenen Refinanzierungsbedingungen der Banken in unterschiedlichen Ländern auch verschiedenartige Konstellationen für Kredite zur Folge. Die Vergabekriterien für Kredite an Unternehmen und private Haushalte sind angesichts der herrschenden geldpolitischen Kurse, vor allem in den Peripheriestaaten, strikter geworden als diese eigentlich sein sollten. Dadurch stellt sich eine negative Wirkung auf Wachstum und Beschäftigung innerhalb der EWU ein, was auf eine ineffiziente Allokation[5] der Geldmittel zurückzuführen ist. (Vgl. Mersch, 2013a)

Aufgrund dieses Wirkungszusammenhanges von Banken- und Staatschuldenkrise, durch welchen Staaten ihre Zahlungsfähigkeit im Rahmen von Bankenrettungen verlieren und zeitgleich jene Banken – als entsprechend größter Kreditgeber ihres Staates – an Liquidität einbüßen, sorgte für Ansteckungseffekte und Spekulationen gegen einzelne Mitgliedsstaaten der EWU. Daraus wiederum stellte sich eine gestiegene Fragmentierung der EWU-Finanz- bzw.

---

[3]   In Fragmente zerlegen, zerteilen (Dudenredaktion o.J.b)

[4]   wirtschaftlich schwächerer Staat [am Südrand] der Eurozone (Dudenredaktion o.J.c)

[5]   Zuweisung von finanziellen Mitteln, Materialien und Produktivkräften (Dudenredaktion o.J.d)

Kreditmärkte und anschließend auch eine weitere Fragmentierung der EWU-Staatsanleihenmärkte ein. (Vgl. Breuss, 2013, S. 133)

Erst im Zuge des Outright Monetary Transaction programs (OMTP), durch welches Staatsanleihen bestimmter EWU-Mitglieder in vorab nicht eindeutig bestimmtem Umfang am Sekundärmarkt angekauft werden konnten, wurde die Verunsicherung auf den betroffenen Finanzmärkten schließlich vermindert. Ziel dieses Programms ist es, einen moderaten monetären Transmissionsprozess und die Gleichförmigkeit der Geldpolitik zu bewahren. Zudem sieht das Programm vor, durch Wertpapierkäufe geschaffenes Zentralbankgeld zu sterilisieren und dadurch dem Geldmarkt dieses Geld wieder zu extrahieren. Lediglich die Ankündigung des OMTP durch die EZB ließ die kurzfristigen Staatsanleihen-Renditen potenzieller Programm-Kandidaten fallen. Dadurch wurde der benötigte zeitliche Rahmen zur stufenweisen Einführung einer EBU geschaffen, wodurch zukünftigen Finanzkrisen präventiv vorgebeugt und ggf. Interventionsmaßnahmen im Sinne eines definierten Krisenmanagements durchgeführt werden können. (Vgl. Asmussen, 2013; Vgl. Deutsche Bundesbank, o.J.b; Vgl. Huß, 2015, S. 95)

> „Die Schaffung einer Bankenunion würde dazu beitragen, diese negativen Rückkopplungen zwischen Staaten und Banken zu durchbrechen."
>
> (Mersch, 2013a)

2.2 Nationale Befangenheit in der Bankenaufsicht

Durch den untereinander herrschenden Wettbewerb der Finanzstandorte einzelner Länder, besteht für die jeweiligen Staaten aus eigener Sicht kein direkter Vorteil einer zu strikten nationalen Finanzmarktpolitik. Dadurch besitzt kein Land den Anreiz von zu starken Standards in der Banken- und Finanzmarktaufischt, solange die restlichen Länder ihre Standards nicht gleichermaßen erhöhen. Während allerdings verschiedene nationale Aufsichts- und Regulierungsstandards bestehen, kann die Intensität an Aufsicht und Regulierung von den Banken durch eine Verlagerung ihres Geschäfts in Länder mit weniger strikten Aufsichts- und Regulierungsstandards umgelegt werden. Daher besteht für die Staaten ein Anreiz, solche Geschäfte durch leichtere Standards heranzuziehen. Solange für die nationalen Aufsichtsbehörden (englisch: national Bank authority, NBA) kein Ziel nach einer Stabilität in der gesamten Eurozone ausgegeben wird, welches über dem Hauptziel von Stabilität im nationalen Finanzsektor steht, können stärkere Standards nur unzureichend durch eine höhere grenzüberschreitende Zusammenarbeit von NBA's, erreicht werden. Es entsteht somit eine Situation, bei der die gesamtwirtschaftlich bestmögliche Lösung nicht erzielt wird, weil ein Abweichen von eben jener Lösung, aus der einzelwirtschaftlichen Sicht der Staaten heraus, nicht vorteilhaft ist. Hierdurch können Aufsichtslücken entstehen, wenn Banken vor allem grenzüberschreitend tätig sind und ihre Aufsicht dabei allerdings lediglich in nationaler Verantwortung liegt. Dem zufolge besteht die Möglichkeit der sogenannten (Aufsichts-)-Arbitrage[6], eben dem Ausnutzen von Aufsichtsunterschieden in verschiedenen Ländern. (Vgl. Bauer und Demary, 2014, S. 9)

Eine Anpassung der Aufsicht weg von der nationalen, hin zur europäischen Ebene, bei der es um supranationale Interessen geht, schiebt der Bestrebung nationaler Interessen sowie einer damit ineinandergreifenden aufsichtlichen Nachsicht einen Riegel vor. In Zeiten der Finanzkrise haben Aufsichtsbehörden oftmals bei sogenannten nationalen Champions Nachsicht gezeigt, weil sowohl das eigene Mandat, als auch der Druck aus dem eigenen Land die Arbeit der Behörden eingeschränkt haben. Allerdings bedarf es bei den Aufsichtsbehörden einer Unbefangenheit sowie einer Befreiung von Druck und staatlichen Interessen auf Staatenebene. Denn sie sollten die Fähigkeit besitzen, die Lage einzelner Banken unparteiisch zu bewerten und diese in der Gesamtkonstellation des Finanzsystems zu sehen. (Vgl. Mersch, 2013a)

2.3 Blockade im Transmissionsmechanismus

Die hohe Staatsverschuldung hat seit der Krise nicht nur zum einen die Fiskalpolitik in ihren Maßnahmen eingeschränkt, zu einer makroökonomischen Verbesserung beizusteuern und somit die Geldpolitik zu unterstützen, sondern zum anderen hat eben jene Verschuldung zwischen Banken und Staaten auch den geldpolitischen Transmissionsmechanismus beeinträchtigt. Viele Banken haben im Zuge der Staatschuldenkrise den eigenen Bestand an heimischen Staatsanleihen gesteigert. Insbesondere bei jüngst durch Staatshilfe geretteten

---

6 Ausnutzung von Kurs- oder Preisunterschieden an verschiedenen Börsen bzw. Märkten (Dudenredaktion o.J.e)

Banken und jenen in staatlicher Hand war dies besonders ausgeprägt. Aufgrund des Preisschwundes bei Staatsanleihen von in Schräglage geratenen Staaten waren diese Banken gezwungen die eigenen Verbindlichkeiten zu verringern und die Kreditvergabe zurückzuschrauben. Diese Abnahme bei der Vergabe von Krediten war nicht lediglich an den einzelnen Heimatmarkt gebunden, denn auch viele ausländische Tochterunternehmen der Banken mit Hauptsitz in betroffenen Staaten kamen mit weniger Krediten aus. Daher kann der Ankauf von Staatsanleihen durch inländische Banken nicht ohne weiteres als zweckmäßiger Stabilisierungsmechanismus an den Finanzmärkten gesehen werden. (Vgl. Coeuré, 2016)

Die zentrale Aufgabe der EZB ist und bleibt allerdings der Bestand von Preisstabilität in der EWU. An dieser Tatsache wird auch die neue Verantwortung der EZB für die Bankenaufsicht in Europa, welche in einem späteren Kapitel weiter beschrieben wird, nichts ändern. Wird jedoch die Rolle der Finanzmärkte als Transmissionsriemen der Geldpolitik sowie die Relevanz vollständig integrierter Finanzmärkte in einer Währungsunion vor Augen geführt, wird klar, alle Maßnahmen zur Bewahrung eines geordneten und stabilen Finanzsystems in der EWU wirken sich grundsätzlich positiv auf die Handlungsspielräume von geldpolitischen Entscheidungen sowie auf die Transmission geldpolitischer Impulse aus. Dadurch kann die Bankenunion die gemeinsame Währung stärken und die Geldpolitik ein Stück weit von der Aufgabe der Entkräftung von Verengungen im geldpolitischen Transmissionsmechanismus befreien, welche diese in der Krise übernehmen musste. Auf Grund dessen ist in einer erneuten Krise eine unkonventionelle Geldpolitik in dem Maße nicht mehr zwingend erforderlich. (Vgl. Mersch, 2013b)

2.4 Wettbewerbsverzerrung wegen Systemrelevanz

Aufgrund der zuvor bereits thematisierten enormen gegenseitigen Vernetzung der Banken, sowie dem Risikoverbund aus Bank- und Staatsschulden werden bedeutsame und mit dem Finanzsystem umfangreich vernetzte Banken systemrelevant. Systemrelevante Banken können im Insolvenzfall den Markt nicht ohne einen vollständigen Ausfall von systemrelevanten Finanzdienstleistungen, also von Kreditvergabe und dem Zahlungsverkehr, verlassen und machen somit eine staatliche Rettung überaus voraussichtlich. Zusätzlich entsteht zudem für jene Banken eine Verfälschung der Anreize, falls die Gelder von Steuerzahlern für jeweilige Bankrisiken mit in die Haftung gezogen werden können. Des Weiteren entwickelt sich für die systemrelevanten Banken lediglich aus ihrer Systemrelevanz ein Wettbewerbsvorteil, welcher nicht systemrelevante Banken verwehrt bleibt. Eben ein solcher Wettbewerbsvorteil ist deutlich an den Ratings für Banken zu erkennen, denn die Ratingagenturen veröffentlichen für die Banken ein All-in-Rating sowie ein Stand-Alone-Rating. Im Zuge eines Ratings, werden Wertpapiere oder Schuldner im Hinblick ihrer Kreditliquidität oder Kreditwürdigkeit nach sogenannten Bonitätsgraden eingeordnet. Diese Einordnung wird i.d.R. von Ratingagenturen durchgeführt. Hierbei sind die besten Bonitätsgrade von den populärsten Agenturen als AAA oder Aaa gelistet, schlechtere Bewertungen hingegen mit verwandten Ziffern- und Buchstabenkombinationen. So wird eine Kreditqualität von Wertpapieren oder Schuldnern bei einem Rating im Rahmen von BBB- oder besser als verhältnismäßig hoch bewertet. Wohingegen jene mit einem schlechteren Rating als fragwürdig eingestuft und somit diese Wertpapiere zudem als Hochzinspapiere bewertet werden. Seit Herbst 2009 gilt die EU-Rating-Verordnung, welche alle in der Europäischen Union (EU) tätigen Ratingagenturen unter die Beaufsichtigung der zuständigen Behörde, der European Securities and Markets Authority (ESMA), stellt. In Bezug auf die vergebenen Ratings an systemrelevante Banken, ist festzustellen, dass jenes All-in-Rating immer besser als das Stand-alone-Rating ist, weil es die Eventualität einer staatlichen Rettung einplant, welche in einem Stand-alone-Rating folglich nicht beinhaltet ist. Dazu kann eine grafische Darstellung im Anhang 2 zur weiteren Verdeutlichung dieser Ratingvorteile aufgrund einer Systemrelevanz, anhand der 2012 von Schich und Lindh berechneten Daten, herangezogen werden. Demnach belief sich im März 2012 das mittelmäßige Stand-alone-Rating einer systemrelevanten Bank auf 11,5 Ratingklassen. Dies entspricht in der Moody's Rangordnung einem Wert von Baa1 bis A3. Allerdings belief sich das All-in-Rating zur gleichen Zeit auf 13,7 Ratingklassen und daher einer Bewertung von annähernd A2. Dies zeigt eine Verbesserung des Ratings um durchschnittliche 2,2 Ratingklassen, was auf die implizite[7] staatliche Garantie zurückgeführt werden kann. Da Marktteilnehmer die Höhe der Fremdkapitalzinsen für Banken am All-in-Rating berechnen, entsteht wiederum ein Refinanzierungsvorteil, welchen systemrelevante Banken aufgrund des besseren

---

[7] mit inbegriffen, eingeschlossen (Dudenredaktion o.J.f)

Ratings gegenüber nicht systemrelevanten Banken haben. Zusätzlich wird das eingegangene Geschäftsrisiko durch das Einrechnen und Erwarten einer staatlichen Rettung der Gläubiger nicht anhand des Refinanzierungszinses widergespiegelt. Deshalb kann eine systemrelevante Bank stärkere Risiken eingehen, ohne dafür von anderen Finanzmarktteilnehmern mit höheren Fremdkapitalzinsen, zum Ausgleich des erhöhten Insolvenzrisikos, konfrontiert zu werden. Jedoch verstärkt dies wiederum einen Anstieg der jeweiligen Systemrelevanz. (Vgl. Bauer und Demary, 2014, S. 9 f.; Deutsche Bundesbank o.J.c)

3 Die drei Säulen der Europäischen Banken- und Finanzmarktregulierung

Dieses Kapitel beschreibt das Konzept der EBU und seiner Drei-Säulen-Struktur. Hierbei wird zu Beginn der rechtliche Rahmen der EBU dargestellt. Anschließend werden die jeweiligen Elemente erläutert und der einheitliche Bankenaufsichts- und Bankenabwicklungsmechanismus sowie die harmonisierte Einlagensicherung bezüglich der ausgegebenen Ziele auf ihre Effizienz und Wirkung hin genauer betrachtet, um dadurch Vor- und Nachteile sowie eventuelle Verbesserungsvorschläge abzuleiten.

3.1 Einheitlicher Rechtsrahmen der Europäischen Bankenunion

Das Fundament der europäischen Bankenaufsicht bildet das Single Rule Book. Dabei handelt es sich um ein einheitliches Regelwerk, welches das europäische Bankenaufsichtsrecht auf Basis der Basel-III harmonisiert und somit einen allgemeinen und einheitlichen Rechtsrahmen der teilnehmenden Länder garantiert. Als Hauptziel ist dabei die Verringerung der Wahrscheinlichkeit einer erneuten Finanzkrise und ihrer negativen Auswirkungen zu sehen. Unter Basel-III ist ein weitgreifendes Regelwerk für die Regulierung von Banken zu verstehen. Dieses wurde im September 2010 vom Baseler Ausschuss für Bankenaufsicht (englisch: Basel Committee on Banking Supervision, BCBS) vereinbart und führt das Basel-II Regelwerk fort, in dem unter anderem den Banken fest vorgegeben wird, quantitativ und qualitativ höherwertiges Kapital vorzuhalten. Bezüglich der Eigenkapitalanforderungen zur Deckung der Risikopositionen einer Bank wurde das aufsichtliche Common Equity Tier 1 (CET 1) oder auch Kernkapital unter einen vordefinierten Kriterienkatalog gestellt. Dieser beinhaltet Vorschriften für die Zusammensetzung des harten Kernkapitals einer Aktiengesellschaft, welches lediglich aus gezeichnetem Kapital sowie den offenen Rücklagen bestehen darf. Zudem darf diese Art von Kapital grundsätzlich den nachrangigsten Anspruch im Liquidationsfall bilden. Dadurch sollen Banken einfacher in der Lage sein, gegebenenfalls auftretende Verluste aus Kreditausfällen besser zu überstehen. (Vgl. Huß, 2015, S. 97 f.)

Zusätzlich gelten weitere Regeln für die Mindestgröße des Verhältnisses von Eigen- zu Fremdkapital, also der Verschuldungsquote, dem sogenannten Leverage

Ratio[8], um eine übermäßige Verschuldung im Bankensystem begrenzen zu können. Denn in der Finanzkrise waren insbesondere die expansiven bilanziellen und außerbilanziellen Verschuldungsquoten von Banken dafür verantwortlich, dass unter dem starken Druck der Finanzmärkte in kürzester Zeit ein immenser Abbau von Aktiva zu verzeichnen war. Dieser Abbau förderte den ohnehin schon herrschenden Abwärtsdruck auf Vermögensgegenstände und verschärfte somit die Finanzkrise weiter. Die Verschuldungsquote besteht verallgemeinernd für die Summe aller Aktiva einer Bank und soll mindestens 3,0 % des Geschäftsvolumens erreichen. Diese Quote wurde zunächst als zusätzliches Instrumentarium, welches nach Empfinden der Aufsichtsbehörden für einzelne Institute benutzt werden kann, implementiert. Im Dezember 2017 hat der BCBS dann die Entscheidung getroffen, ab 2018 die zunächst vorrübergehende Zielquote in Höhe von 3,0 % als verbindliche Mindestanforderung anzuwenden. (Vgl. Deutsche Bundesbank, 2011, S 28 f.; Deutsche Bundesbank, 2017; Everling und Langen, 2013, S. 18)

Eine weitere Regel welche im Zuge des Baseler-III Regelwerks verabschiedet wurde, sieht einen antizyklischen Kapitalpuffer vor, welcher bei Bedarf im Rahmen der makroprudenziellen[9] Überwachung von den Aufsichtsbehörden zur Stärkung der Finanzstabilität eingesetzt werden kann. Die zu entrichtende Gesamteigenkapitalquote erhielt eine neue Strukturierung verbleibt jedoch bei 8,0 %. Diesbezüglich sind die Banken seit 2015 verpflichtet, mindestens einen Kernkapitalanteil von 6,0 % anstelle von ursprünglich 4,0 % aufzuweisen. Der Differenzbetrag von 2,0 % wird über Ergänzungskapital, das so genannte Common Equity Tier 2 (CET 2) ausgeglichen. Dazu zählen u.a. steigernde Vorzugsaktien, sonstige Wertberechtigungen für eingeschlossene Risiken, anrechenbare nachrangige Verbindlichkeiten sowie nicht realisierte Gewinne aus notierten Wertpapieren. Des Weiteren wurde die Anwendung von Drittrangmitteln zum Beweis von ausreichendem Eigenkapital, dem Common Equity Tier 3 (CET 3), wozu Mittel zählen, welche nicht dem haftenden Eigenkapital zugeordnet werden können, eingestellt. Um jedoch bei Unsicherheitsphasen sicherzustellen,

---

[8] In der Bankenaufsicht ist die Leverage Ratio eine Kennzahl, die sich im Zähler aus dem aufsichtlichen Kernkapital einer Bank und im Nenner aus dem ungewichteten Gesamtengagement zusammensetzt (Deutsche Bundesbank o.J.d)

[9] auf die Stabilität des gesamten Finanzsystems gerichtet (Dudenredaktion o.J.g)

dass Banken genügend Kapitalreserven besitzen, um dieses im Bedarfsfall dem Finanz- und Wirtschaftssektor zur Verfügung stellen zu können, muss bis 2019 ein Kapitalerhaltungspuffer, welcher aus hartem Kernkapital in Höhe von 2,5 % besteht, aufgebaut werden. Folglich wird den Banken in solchen Phasen der Abbau des Kapitalerhaltungspuffers eingeräumt. Weiterhin wurde die Einführung eines, an den inländischen Wirtschaftszyklus gebundenen, antizyklischen Puffers beschlossen. Dadurch soll einem unverhältnismäßigen Kreditwachstum in einzelnen Kreditsektoren vorgebeugt werden. Wenn ein nationaler Kreditsektor übermäßig stark anwächst, wird der üblicherweise zwischen 0,0 und 2,5 % liegende Puffer spezifisch anhand nationaler makroökonomischer Faktoren bestimmt. Abbildung 1 veranschaulicht nochmals die schrittweise Einführung neuer Kapitalpuffer sowie der Eigenkapitalmindestanforderungen.

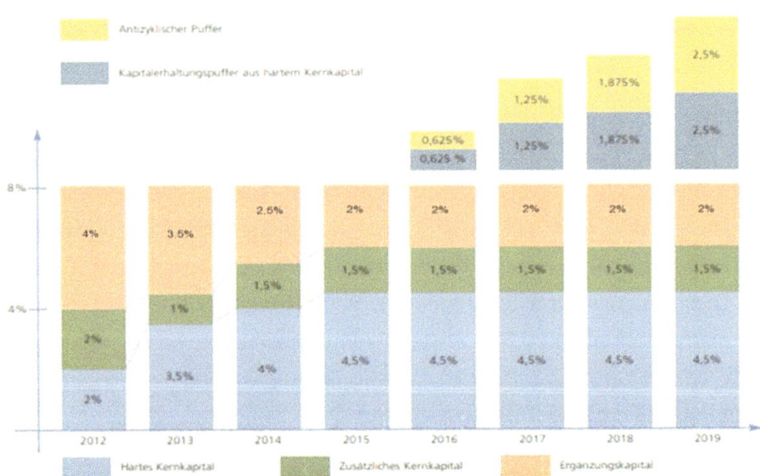

Abb. 1: Einführung neuer Mindestanforderungen und Aufbau der Kapitalpuffer

Um zudem zukünftig zu verhindern, dass international agierende Banken im Zuge von Markterschütterungen in erneute Liquiditätsengpässe geraten, durch welche wiederum das Vertrauen anderer Banken und Investoren geschwächt und dadurch neue Finanzkrisen ausgelöst werden können, wurden außerdem neue Liquiditätsanforderungen geschaffen. Daher hat der BCBS zwei quantitative Kennzahlen zur adäquaten Beurteilung der vorgehaltenen Liquiditätsmittel von Banken entwickelt. Im Rahmen dieser Kennzahlen wurde der kurzfristig ausgerichtete Liquidity Coverage Ratio (LCR) sowie der langfristig orientierte

Refinanzierungsstandard Net Stable Funding Ratio (NSFR) geschaffen. Anhand des LCR wird durch ein aufsichtlich bestimmtes Szenario geprüft, ob Banken sowie deren Tochtergesellschaften über einen angemessenen Bestand an hochliquiden kurzfristigen Aktiva verfügen. Hierbei wird die Option der Bedienung von spezifischen Nettoliquiditätsabflüssen über eine Dauer von wenigstens 30 Tagen als ausreichend angesehen, um einen möglicherweise kurzfristigen Bank Run auszuschließen. Das LCR-Stresstestszenario wird dabei durch den langfristig orientierten NSFR komplettiert, welcher von Banken die Dokumentation von genügend ausgeprägten langfristigen Refinanzierungsquellen in Anlehnung vom Fälligkeitsprofil ihrer Forderungen über wenigstens ein Jahr verlangt. Durch den NSFR soll eine zu große Konzentration auf kurzfristige bzw. hochfrequente sich wiederholende Kapitalinstrumente zur Finanzierung längerfristiger Aktivgeschäfte verhindert werden. (Vgl. Deutsche Bundesbank, 2011, S. 30 ff.; Huß, 2015, S. 100)[10]

Die Ausführung des Basel-III-Regelwerks erfolgte auf Seiten der EU durch die Capital Requirements Directive IV (CRD IV), welches aus einer direkten in allen EU-MSen verbindlichen Verordnung, der Capital Requirements Regulation (Verordnung 575/2013) sowie der Capital Requirements Directive (Richtlinie 2013/36) besteht und dabei essenzieller Bestandteil eines Verordnungs- und Richtlinienpakets der EU ist sowie schlussendlich im Single Rule Book der EBU vereint wird. Durch dieses vereinheitlichte Regelwerk werden den NBA's gewisse Anpassungsmöglichkeiten betreffend die bankenaufsichtsrechtlichen Überprüfungsprozesse eingeräumt. Es regelt daher die gesetzliche Grundlage der EBU und insbesondere auch jene des Einheitlichen Aufsichts- und Abwicklungsmechanismus. (Vgl. Deutsche Bundesbank o.J.e; Huß, 2015, S. 95 f.; Jessberger, 2013, S. 6)

Jene Verordnung 575/2013 erhielt zu Jahresbeginn 2014 ihre Gültigkeit. Entsprechend mussten die EU-MSen auch bis zu diesem Zeitpunkt die Richtlinie 2013/36 in nationales Recht umwandeln. Weiterhin ist ein risikogewichtetes Vorhalten von Eigenkapital für Staatsanleihen von EU-MSen zu einer

---

[10] Die Berechnung der Liquiditätsstandards für die Dokumentation der genügend ausgeprägten langfristigen Refinanzierungsquellen, in Anlehnung an das Fälligkeitsprofil ihrer Forderungen (zu finden im Anhang 3) können zur Vertiefung herangezogen werden.

Risikoabsicherung aufgrund des Beibehaltens der bestehenden Ausnahmeregelungen im Rahmen von CRD IV nicht geplant. (Vgl. Pockrandt und Radde, 2012, S. 7)

3.2 Europäische Bankenaufsichtsbehörde

Die entsprechend im Jahre 2011 nach der Verordnung 1093/2010 gebildete unabhängige Europäische Bankenaufsichtsbehörde (EBA) mit ihrem Sitz in London, soll ein zusammenhängendes und wirkungsvolles Maß an Beaufsichtigung und Regulierung der Banken sicherstellen und somit das Gelingen des Binnenmarktes weiter verbessern. (Vgl. Huß, 2015, S. 101; ErwGr. 11 VO 1093/ 2010)

Zusammen mit der European Insurance and Oppucapional Pensions Authority (EOPIA), welche für das Versicherungswesen sowie die betriebliche Altersvorsorge zuständig ist und der European Securities and Markets Authority (ESMA), welche für die Aufsicht über Wertpapiere und Märkte verantwortlich ist, bildet die EBA die Europäischen Aufsichtsbehörden (englisch: European Supervisory Authorities, ESAs). Diese drei Aufsichtsbehörden sind für die mikroprudenzielle[11] Aufsicht auf EU-Ebene verantwortlich und bilden durch ihren gemeinsamen Ausschuss, den NBA´s und dem Europäischen Ausschuss für Systemrisiken (englisch: European Systemic Risk Board, ESRB) das Europäische System der Finanzaufsicht. (Vgl. Deutsche Bundesbank, o.J.f)

Im Rahmen ihrer Aufgaben liegt zum einen die Normsetzung für die europäische Bankenaufsicht. Um dieser gerecht zu werden, schafft sie qualitativ hochwertige Standards für die Regulierung und Aufsicht sowie erstellt Leitlinien und Empfehlungen, um dadurch an der Bewertung, Erarbeitung und Verbesserung eines gemeinschaftlichen europäischen Aufsichtshandbuchs im Rahmen des Finanzsektors mitzuwirken. Des Weiteren analysiert und bewertet die EBA existierende Schwachstellen und Risiken innerhalb des EU-Finanzsektors. Weiterhin unterstützt die EBA die EZB bei der Abwicklung von wiederkehrenden Stresstests und steht dem Europäischen Parlament, dem Rat und der Kommission beratend zur Seite. Darüber hinaus führt sie kritische Bewertungen bezüglich der korrekten Anwendung des geltenden Regelwerks in den nationalen Behörden der MSen durch. Zu ihrem übergeordneten Hauptziel zählt die

---

[11] auf die Stabilität einzelner Finanzinstitute gerichtet (Dudenredaktion o.J.h)

Verfolgung der kurz-, mittel-, und langfristigen Wahrung von Finanzstabilität durch die Sicherstellung von Transparenz, Effizienz, Integrität und Verbesserung des reibungslosen Funktionierens der Finanzmärkte. (Vgl. Deutsche Bundesbank, o.J.f; Art. 1 Abs. 5 VO 1093/ 2010; European Banking Authority, o.J.)

Ein detaillierterer Einblick über die Struktur der EBA kann in Anhang 4 gefunden werden. Während der EBA im Rahmen der EBU vor allem die Aufgabe der Weiterentwicklung, Schaffung und Kontrolle von einheitlichen Rahmenbedingungen zukommt, werden durch die Instrumentarien der Einheitlichen Bankenaufsicht (englisch: Single Supervisory Mechanism, SSM), dem Einheitlichen Abwicklungsmechanismus (englisch: Single Resolution Mechanism, SRM) sowie den Richtlinien des Einlagensicherungssystems (englisch: Deposit Guarantee Schemes Directive, DGSD) grundsätzlich die Anwendung und Einhaltung der beschlossenen Regelungen durch die betreffenden Banken garantiert. Zur Sicherstellung der beabsichtigten Stabilitätswirkungen in der operativen Praxis, strukturieren sich die benannten Instrumente der EBU, wie in Abbildung 2 dargestellt, in ein Drei-Säulen-Modell.

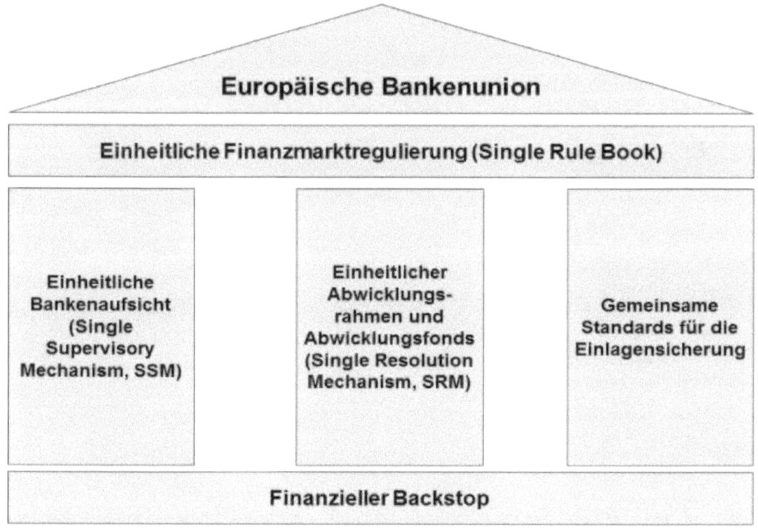

Abb. 2: Drei-Säulen-Modell der Europäischen Bankenunion

Durch die erste Säule, den SSM, sollen Verschleierungen oder Verschleppungen entsprechender Befunde bezüglich Unzulänglichkeiten bei einer beaufsichtigten Bank, durch nationale Aufsichtsbehörden, welche vor allem aus moralischen oder politischen Gründen resultieren können, entgegengetreten werden. Mit der zweiten Säule, dem SRM, soll zudem die Glaubwürdigkeit in die EBU garantiert werden. Dies geschieht durch eine Garantie, wonach im Falle einer Abwicklungsentscheidung oder auch -androhung eine Abwicklung und entsprechende Lastenverteilung bereits vorab geklärt ist. Zusätzlich werden aufgrund der dritten Säule, der europäischen Einlagensicherung, die Risiken eines Bank Runs immens vermindert. Dadurch soll das Vertrauen der Anleger und Investoren gestärkt sowie die Anreize für nationale Aufsichtsbehörden verringert werden, grundsätzlich nachsichtiger zu beaufsichtigen, um somit die Kosten den übrigen MSen anlasten zu können. (Vgl. Bauer und Demary, 2014, S. 11)

3.3 Einheitliche Bankenaufsicht

Schließlich beschlossen die Staats- und Regierungschefs der EWU zur Steigerung der Finanzmarktintegration sowie um die Stabilität des Finanzsystems voranzutreiben, die Errichtung der EBU. Dies geschah schließlich mit der Verordnung 1024/2013 zur Übertragung besonderer Aufgaben im Zusammenhang mit der Aufsicht über Kreditinstitute auf die EZB, der so genannten SSM-Verordnung, vom 03.11.2013. Die EBU beruht wie bereits geschildert auf einem einheitlichen Regelwerk, dem Single Rule Book, welches vor allem für die Bankenaufsicht, -abwicklung und Einlagensicherung geschaffen wurde. Hierbei kommt dem SSM neben dem SRM und einer vertieften Harmonisierung der nationalen Einlagensicherung eine zentrale Rolle zu. Denn mit ihm konnte schließlich die, aufgrund der engen Verflechtung des Bankensektors in Europa, erforderliche europäische Perspektive der Bankenaufsicht fundiert werden. Dabei wurde neben einer Durchbrechung der Verknüpfung, bestehend aus Verschuldung von Staatshaushalten und dem Finanzsektor, welche sich in den vergangen Krisen als zusätzlich verschärfend dargestellt hatte, auch die allgemeine Vereinheitlichung der Aufsicht in den EU-MSen als Hauptziel ausgegeben. Dabei wurde die SSM-Verordnung durch die von der EZB ausgegebene SSM-Rahmenverordnung, zur Einrichtung eines Rahmenwerks für die Zusammenarbeit zwischen der EZB und den nationalen zuständigen sowie benannten Behörden innerhalb des einheitlichen Aufsichtsmechanismus, ergänzt. Diese Verordnung regelt die Grundprinzipien bezüglich der Zusammenarbeit zwischen den Aufsichtsbehörden innerhalb des SSM. Gemäß Art. 33 Abs. 2 der Verordnung 1024/2013 hat die EZB 2014 nach einer einjährigen Übergangsfrist die ihr anvertrauten Aufgaben innerhalb der EBU bezüglich des SSM übernommen. Seit dem trägt die EZB die Verantwortung für die Umsetzung der einheitlichen europäischen Bankenaufsicht. Die Zuständigkeit von Seiten der EZB als Aufsichtsbehörde für Banken begrenzt sich hierbei fürs erste lediglich auf die EU-MSen im Euroraum. Jedoch können EU-MSen, deren Währung nicht der Euro ist, im Zuge eines Opt-in ebenfalls am SSM teilnehmen. Dies setzt dabei eine enge Zusammenarbeit mit den Aufsichtsbehörden voraus. Allerdings ist ein Opt-in eines EU-MSen bisher nicht erfolgt. (Vgl. Bundesministerium der Finanzen, 2014; Bundesministerium der Finanzen 2018, S. 8; Art. 33 Abs. 2 VO 1024/2013)

Im Rahmen der ihr nach Art. 4 Abs. 1 VO 1024/2013 übertragenen Aufgaben trägt die EZB damit die Verantwortung für folgende Punkte:

- Gewährung und Aberkennung von Banklizenzen,

- Bewertung der Anschaffung oder Veräußerung von Anteilen an Kreditinstituten,

- Wahrung der Berücksichtigung von vorgegebenen Kriterien bezüglich Eigenmittel, Verschuldungsgrad, Liquidität, Beschränkungen für Großkredite, Verbriefung sowie Mitteilung und Bekanntmachung entsprechender Informationen,

- Gewährleistung der Berücksichtigung von Anforderungen an die Unternehmensführung,

- Durchführung von Stresstests und aufsichtspflichtigen Überprüfungen sowie

- Unverzügliches Eingreifen, bei Missachtung der aufsichtsrechtlichen Anforderungen eines Kreditinstituts sowie Wahrnehmung von Aufsichtsaufgaben im Rahmen von Sanierungsplänen.

(Vgl. Art. 4 Abs. 1 VO 1024/2013)

Innerhalb der Aufsichtsdurchführung findet dabei eine enge kooperative Zusammenarbeit zwischen der EZB, den NBA′s, der EBA und anderen europäischen Einrichtungen sowie Organen statt. Aufgrund des Grundsatzes der Proportionalität erfolgt eine direkte Aufsicht durch die EZB lediglich über die wichtigsten systemrelevanten Banken innerhalb der EBU. Die übrigen Banken werden, in enger Zusammenarbeit mit der EZB, von den NBA′s beaufsichtigt. (Vgl. Europäische Zentralbank, 2014, S. 22; Huß, 2015, S. 104) Dabei trägt die EZB die Verantwortung nach einer direkten Beaufsichtigung für 119 systemrelevante Banken aus Ländern der EWU. Auf welche zudem 82 % der Bankaktiva innerhalb der EWU entfallen. Eine Entscheidung darüber ob eine Bank als systemrelevant gilt beruht auf einer Reihe von Klassifizierungen, welche im Folgenden detaillierter betrachtet werden. (Vgl. Europäische Zentralbank, o.J.)

3.3.1 Klassifizierung der beaufsichtigten Institute

Zur Bestimmung, ob eine Bank als bedeutend und somit unter die direkte Aufsicht der EZB fällt, oder nicht, erfolgt seitens der SSM eine wiederkehrende Prüfung aller zugelassenen Banken innerhalb der teilnehmenden EU-MSen. Ziel dabei ist eine Überprüfung und Feststellung nach der Erfüllung von vorgegebenen Kriterien durch die Banken. Entsprechend wird eine Bank als bedeutend klassifiziert, wenn eines der nachstehenden Kriterien gegeben ist:

- Übersteigung eines Gesamtwerts von 30 Mrd. Euro an Vermögenswerten
- Übersteigung eines Gesamtwerts von 20 % des BIP des Mitgliedstaats (sofern der Gesamtwert der Vermögenswerte nicht unterhalb von 5 Mrd. Euro liegt)
- Es handelt sich um eine der drei größten bzw. bedeutendsten Banken in einem Mitgliedstaat
- Es handelt sich um einen Bezieher unmittelbarer finanzieller Unterstützung aus der Europäischen Finanzstabilisierungsfazilität (EFSF)[12] oder dem Europäischen Stabilitätsmechanismus (ESM)[13]
- Übersteigung eines Gesamtwerts der Vermögenswerte von 5 Mrd. Euro sowie länderübergreifende Aktiva bzw. Passiva in mindestens zwei weiteren teilnehmenden Mitgliedsstaaten verglichen zu den Gesamtaktiva/-passiva die 20 %.

Bei einem Zutreffen dieser Voraussetzungen kann eine Bank vom SSM als bedeutend eingestuft werden, wenn dadurch die einheitliche Anwendung der hohen Aufsichtsstandards gewährleistet wird. Dazu können zu einer Erleichterung der Entscheidung durch die EZB oder NBA's bestimmte relevante Informationen verlangt oder auch erneut verlangt werden. Weiterhin kann sich innerhalb der üblichen Geschäftätigkeit oder wegen unvorhergesehener Ereignisse der Status einer Bank verändern. Als Beispiel für eine solche Situation kann eine

---

12 Wurde im Zuge der Staatsschulden- und Finanzkrise von den EU-MSen als temporäre Rettungsmaßnahme eingeführt. Staaten konnten über diese Fazilität, sofern sie zu bestimmten Reformprogrammen bereit waren, finanzielle Unterstützung beziehen. Wurde durch den ESM ersetzt. (Vgl. Deutsche Bundesbank o.J.g)

13 Wurde als Nachfolger des EFSF als permanenter Krisenbewältigungsmechanismus geschaffen. Seine Hauptaufgabe ist die Sicherung der Zahlungsfähigkeit der EU-MSen bei temporäreren Finanzierungsproblemen. (Vgl. Deutsche Bundesbank o.J.h)

Übernahme durch eine andere Bank oder der Zusammenschluss mehrerer Banken genommen werden. Daher übergibt die NBA ihre Zuständigkeit für eine unmittelbare Aufsicht an die EZB, wenn eine zunächst als weniger bedeutend eingeordnete Bank oder Bankengruppe erstmalig eines der wesentlichen Kriterien erfüllt und somit die Bank oder Bankengruppe fortan als bedeutend angesehen wird. Jedoch kann auch der umgekehrte Fall eintreten, wonach eine Bank ihre Einordnung als bedeutend verlieren kann und somit die Verantwortung über die Aufsicht wieder an die NBA übergeht. Um hierbei eine effektive und kontinuierliche Beaufsichtigung sicher zu stellen, diskutieren und kontrollieren die EZB sowie NBA den jeweiligen Sachverhalt gründlich und implementieren sowie organisieren die Übergabe der Verantwortung über die Aufsicht entsprechend. Zum Ausschluss von zu schnellen oder wiederkehrenden Wechseln einer Aufsichtsverantwortung zwischen EZB und den NBA´s wurde für die Klassifizierung zusätzlich ein Mechanismus zur Moderation eingeführt. Dementsprechend kommen Herabstufungen bezüglich der Klassifizierung von bedeutenden hin zu weniger bedeutenden Banken lediglich dann zustande, wenn die betreffenden Gesichtspunkte in drei fortlaufenden Jahren nicht gegeben sind. Wohingegen Aufwertungen des Status von weniger bedeutenden hin zu bedeutenden Banken schon bei Erfüllung eines einzigen Gesichtspunktes innerhalb eines Jahres als ausreichend für die Hochstufung angesehen werden. Im Rahmen einer Hoch- bzw. Herabstufung werden die betreffenden Banken unverzüglich über den Entschluss des SSM und eine damit verbundene Übertragung der Aufsichtsverantwortung von der EZB an die NBA oder andersherum, in Kenntnis gesetzt. Dabei räumt die EZB der betreffenden Bank vor in Kraft treten des Entschlusses die Möglichkeit ein, eine schriftliche Stellungnahme abzugeben. Anschließend werden die Banken im Zuge der Überführung der Aufsichtsverantwortung kontinuierlich informiert und können sich mit dem neuen zukünftig für sie verantwortlichen Aufsichtsteam vertraut machen. Zum Abschluss der Übertragung wird schließlich eine formelle Konferenz zur Übergabe der Verantwortung abgehalten, an welcher Teilnehmer der zu beaufsichtigenden Bank sowie der neuen und alten Aufsichtsbehörden anwesend sind. (Vgl. Europäische Zentralbank, 2014, S. 9 f.; Bundesministerium der Finanzen, 2014)

3.3.2 Bankenaufsicht innerhalb der EZB

Von der EZB werden, wie in Abbildung 3 veranschaulicht, mithilfe der Unterstützung aus der engen Zusammenarbeit mit den NBA's alle als bedeutend klassifizierten Banken unmittelbar beaufsichtigt.

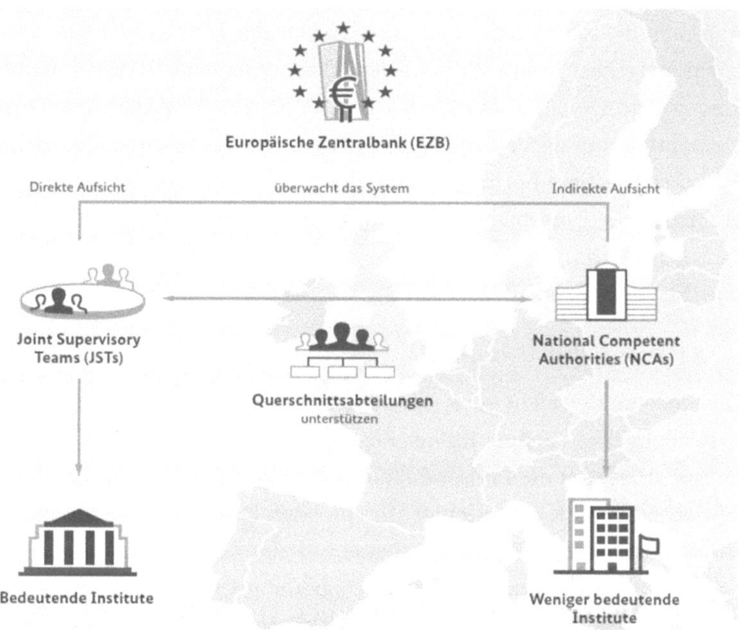

Abb. 3: Aufgabenverteilung innerhalb des SSM

Bei dieser unmittelbaren Beaufsichtigung von bedeutenden Banken bilden Mitarbeiter, bestehend aus Vertretern der EZB sowie der NBA's, für die einzelnen Banken jeweils sogenannte Joint Supervisory Teams (JSTs). Dabei richtet sich die genaue Anordnung der Mitarbeiter innerhalb der JSTs nach dem Geschäftsmodell, der Bedeutung, dem Risikoprofil und der Komplexität der zu beaufsichtigenden Bank sowie nach der Ausdehnung von ihrer Geschäftsaktivität in den jeweiligen SSM-Mitgliedstaaten. Im Hinblick auf weniger bedeutende Banken kann sich die EZB ebenfalls durch die NBA's über bestimmte Aufsichtsbeschlüsse oder -verfahren informieren lassen. Ebenfalls hat die EZB die Möglichkeit, die Beaufsichtigung weniger bedeutender Banken an sich zu ziehen. Zudem kann sie zur Wahrung der einheitlichen hohen Aufsichtsstandards gegenüber den NBA's Leitlinien, allgemeine Weisungen oder Verordnungen festlegen. Des

Weiteren beteiligt sich die EZB zusätzlich an der Beaufsichtigung von supranationalen Gruppen und Banken. Dies erfolgt zum einen als konsolidierende Aufsichtsbehörde, in europäischen Kollegien mit Aufsehern aus teilnehmenden MSen oder in internationalen Kollegien mit Aufsehern aus Ländern außerhalb der EU. Zum anderen kann eine supranationale Beaufsichtigung als Gastland-Aufseher in Aufsichtskollegien, in welchen die konsolidierende Aufsichtsbehörde aus einem Land außerhalb der EU oder einem nicht teilnehmenden MSen stammt, erfolgen. Darüber hinaus ist die EZB bei der Aufsicht von Finanzkonglomeraten und deren Banken integriert und übernimmt dabei Aufgaben des Koordinators. Somit erfüllt die EZB die ihr übergebenen Verantwortungen zur Wahrung der Umsetzung hoher Aufsichtsstandards und damit verbundener Aufsichtsergebnisse. (Vgl. Bundesministerium der Finanzen, 2018, S. 9 f.; Europäische Zentralbank, 2014, S. 11 f.)

3.3.3 Interessenkonflikte der EZB

Die Bankenunion stellt für die EZB ebenfalls eine entscheidende Maßnahme zur Erreichung ihrer geldpolitischen Ziele dar. Denn sie ist zur Erfüllung ihres Mandats, welches auf die Preisstabilität und einer Unterstützung der allgemeinen Wirtschaftspolitik ausgerichtet ist, auf einen intakten Bankensektor angewiesen. Um daher in Bezug auf die Geldpolitik der EZB Interessenkonflikte grundsätzlich zu vermeiden, wurde wie in Abbildung 4 verdeutlicht, bei der Übertragung der Aufsichtsaufgaben an die EZB eine „chinesische Mauer" eingezogen. (Vgl. Bauer und Demary, 2014, S. 13)

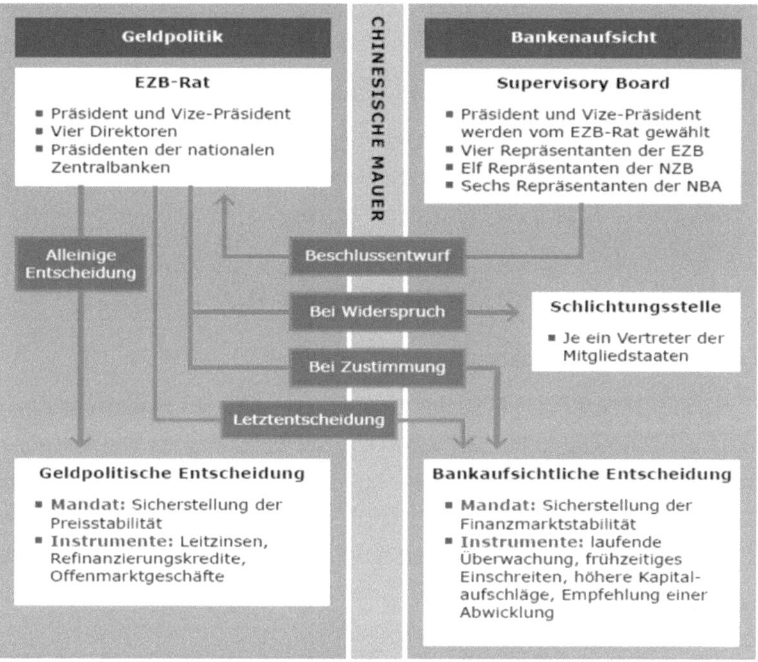

Abb. 4: Abstimmungsprozess zwischen EZB-Rat und Supervisory Board

Dazu wurde im bankenaufsichtsrechtlichen Geschäftsbereich ein internes Aufsichtsgremium (englisch: Supervisory Board, SB) gegründet. Jenes Aufsichtsgremium besteht dabei aus dem Präsidenten und Vizepräsidenten, welche durch eine Wahl des EZB-Rats bestimmt werden sowie aus weiteren vier Mitgliedern der EZB, sechs Vertretern der NBA und elf Vertretern der nationalen Zentralbanken. (Vgl. Art. 26 Abs. 1 VO 1024/2013)

Hinsichtlich der Umsetzung aufsichtsrechtlicher Beschlussentwürfe kommt es zu einer Interaktion zwischen EZB-Rat und SB, bei dem die abschließende Entscheidungsgewalt allerdings beim EZB-Rat verbleibt. Während geldpolitische Maßnahmen nach wie vor alleine durch den EZB-Rat beschlossen werden. In einer solchen Interaktion im Rahmen eines Beschlussfassungsprozesses werden die Entwürfe vom SB ausgearbeitet und zur Verabschiedung dem EZB-Rat vorgelegt. Dabei gilt ein Entwurf als automatisch angenommen, wenn der EZB-Rat diesem nicht im Zeitraum von zehn Arbeitstagen widerspricht. Jedoch kann der EZB-Rat hierbei lediglich die Zustimmung verweigern, den Entwurf allerdings nicht aktiv verändern. (Vgl. Bauer und Demary, 2014, S. 13; Europäische Zentralbank, 2014, S. 15)

Um etwaigen Meinungsverschiedenheiten zwischen EZB-Rat und SB entgegenzutreten, wurde eine Schlichtungsstelle gebildet. Zudem besteht ein administrativer Überprüfungsausschuss, welcher von der EZB in die Wege geleitet wurde. Dieser Ausschuss kontrolliert intern die letztlich verabschiedeten Beschlussentwürfe, wenn eine dadurch betroffene natürliche Person oder eine direkt betroffene Bank eine Überprüfung beantragt hat. (Vgl. Huß, 2015, S. 107f.)

3.4 Einheitlicher Abwicklungsmechanismus

Durch die Finanzkrise wurde deutlich, dass eine Abwicklung von Banken, nicht ohne beträchtliche Einbußen von Finanzdienstleistungen wie Vermögensverwaltung, Kreditvergabe oder dem reinen Zahlungsverkehr auf Seiten der Kunden zu realisieren ist. Vielmehr bedarf es einer Aufrechterhaltung dieser Leistungen im Zuge eines Insolvenzverfahrens von Banken. Allerdings sind dabei insolvente Banken auf eine äußere Übergangsfinanzierung angewiesen, da eine eigene Finanzierung ihrer Abwicklung nicht mehr zu bewerkstelligen ist. Des Weiteren schließen die vielen verschiedenen nationalen Abwicklungslösungen die zunehmenden grenzüberschreitenden Aktivitäten sowie die weiterhin grenzüberschreitende Vernetzung von Verbindlichkeiten und Forderungen der großen und systemrelevanten Banken nicht mit ein. (Vgl. Bauer und Demary, 2013, S. 15)

Mit der einheitlichen Abwicklung von Banken wird zudem nicht nur das Ziel der Verhinderung eines Zusammenbrechens des Finanzsystems, aufgrund von Insolvenzen einzelner Banken, verfolgt. Vielmehr soll durch den einheitlichen Abwicklungsmechanismus das Ziel der Weitergabe aller Abwicklungskosten, weg vom Steuerzahler, hin zu den Banken erreicht werden. Des Weiteren soll durch den SRM eine Ansteckung der Realwirtschaft aufgrund von Problemen in der Bankensparte unterbunden werden. Dazu entzog die Kommission, wie auch beim SSM, schließlich den nationalen Behörden die Autorität zur Abwicklung notleidender Banken, um durch eine neu gegründete zentrale Behörde sachkundiger und zügiger zu handeln sowie um grundsätzlich unkoordinierte Maßnahmen zu verhindern. (Vgl. Illing, 2017, S. 135)

„Ein einheitlicher Abwicklungsmechanismus ist daher eine conditio sine qua non[14]. Er gewährleistet, dass zeitnah und unabhängig Entscheidungen fern nationaler Interessen getroffen werden und die Abwicklungskosten vom Privatsektor getragen werden. Banken in Schieflage müssen sich damit von der Erwartung verabschieden, dass die Kosten auf den Steuerzahler abgewälzt werden können. Die Zeiten der Privatisierung von Gewinnen und der Sozialisierung von Verlusten sollten damit vorbei sein."

(Mersch, 2013b)

Vor allem zur Erfüllung dieser Zielsetzungen bildet der einheitliche Bankenabwicklungsmechanismus innerhalb der EBU die zweite Säule. Dabei trägt der SRM zu einer Rekonstruktion marktwirtschaftlich einheitlicher Rahmenbedingungen in der europäischen Bankensparte bei, um dadurch die Beanspruchung öffentlicher monetärer Mittel für eine Rettung von in Schieflage geratenen Banken zu minimieren und somit eine beständige Zusammenführung von Investitionsrisiko und Haftung zu gewährleisten. (Vgl. Deutsche Bundesbank, 2014, S. 31)

3.4.1 Richtlinien zur Sanierung und Abwicklung

Das Fundament für den SRM besteht dabei aus den Richtlinien zur Sanierung und Abwicklung von Kreditinstituten (englisch: Bank Recovery and Resolution Directive, BRRD). Anhand dieser sollen die Instrumentarien einer Abwicklung oder Sanierung von Banken innerhalb der EU harmonisiert und vereinheitlicht werden. So muss demnach bei der Insolvenz einer Bank grundsätzlich zunächst deren Gläubiger als auch Eigentümer die Verluste und Risiken tragen. Erst im Anschluss daran trägt ein aus der vollständigen Bankenindustrie finanzierter Abwicklungsfonds (englisch: Single Bank Resolution Fund, SBRF) die weiteren Abwicklungskosten. Das so genannte Bail-In der Gläubiger und Eigentümer, welches später weiter konkretisiert wird, soll dabei das erneute Gelten von marktwirtschaftlichen Prinzipien, für eigene Verluste und eine Haftung der Banken, gewährleisten. Zusammen mit dem SBRF und dem Ausschuss für Einheitliche Abwicklung (englisch: Single Resolution Board, SRB) bildet der SRM, welcher auf den BRRD aufbaut, ein weiteres Kernelement der EBU. Anzuwenden sind die BRRD[15] dabei laut Art. 1 RL 2014/59 seit dem 01.01.2015 von allen EU-

---

14 Notwendige Bedingung, unabdingbare Voraussetzung (Dudenredaktion o.J.i)

15 Ausgenommen sind hierbei die im nächsten Unterkapitel beschriebenen Bail-In-Vorschriften

MSen und ihren dort ansässigen Banken. So mussten des Weiteren nach Art. 130 Abs. 1 RL 2014/59 alle Regeln der BRRD bis zum 31.12.2014 von den EU-MSen in nationales Recht eingebunden werden. (Vgl. Art. 1 RL 2014/59; Art. 130 Abs. 1 RL 2014/59; Deutsche Bundesbank, o.J.i)

Obgleich der BRRD das Abwicklungsrecht sowie damit verbundene Regeln in der Abwicklungs- und Sanierungsplanung harmonisiert, verbleibt allerdings die administrative Kompetenz weiterhin bei den EU-MSen auf der nationalen Ebene. Um jedoch eine Abwicklung von systemrelevanten bzw. supranational tätigen Banken innerhalb der EBU zu vereinfachen, sieht die Verordnung zur Errichtung eines einheitlichen Abwicklungsmechanismus (SRM-VO) die Schaffung gemeinsamer Parameter bezüglich der Entscheidungsfindung über die Anwendung des harmonisierten Abwicklungsrechts vor. Dabei verbleibt der räumliche Anwendungsbereich allerdings hinter der BRRD zurück. Denn von der SRM-VO sind nach Art. 4 Abs. 1 VO 806/2014 lediglich jene Banken betroffen, welche auch unter die bereits thematisierte SSM-VO fallen. Dies schließt somit diejenigen EU-MSen mit ein, die auch tatsächlich am SSM teilnehmen. Also jene MSen, deren Währung zum einen der Euro ist sowie zum anderen möglicherweise auch jene Nicht-Euro-Staaten, welche auf freiwilliger Basis am SSM teilnehmen und in einer engen Zusammenarbeit mit der EZB durch z.B. ein Opt-In stehen. Anhand dieses einheitlichen Regelwerks wird die Vermeidung einer weiteren Fragmentierung des europäischen Bankensektors angestrebt. (Vgl. Deutsche Bundesbank 2014, S. 46; Schnabel, 2014, S. 10; Art. 4 Abs. 1 VO 806/2014; Europäische Kommission, 2014)

3.4.2 Instrumente der Abwicklung und Restrukturierung

Grundsätzlich besteht der Abwicklungs- und Restrukturierungsrahmen des SRM aus den drei folgenden Elementen:

- Prävention und Vorbereitung: Losgelöst von seiner momentanen Bonität muss jede Bank zur Sicherstellung einer problemlosen Abwicklung ein Sanierungskonzept entwickeln. Darin müssen sich Vorgehensweisen wiederfinden, welche die Bank bei einer Verschärfung ihrer Finanzlage, zur Sicherung ihres Geschäftsbetriebes, ergreifen würde. Zugleich wird von der zuständigen Behörde verlangt, Abwicklungspläne für die jeweiligen Banken zu entwerfen. Sollten dabei Abwicklungshindernisse bei einer Bank aufgedeckt werden, so ist die zuständige Behörde angehalten, die Auflösung dieser Hindernisse zu fordern.

- Frühintervention: Für die NBA′s oder die EZB besteht die Möglichkeit der Frühintervention. Entsprechend sollen finanzielle Problematiken bereits frühzeitig unterbunden werden. So kann von einer Bank, welche die festgeschriebenen Eigenkapitalvorschriften unzureichend erfüllt, verlangt werden, mit Gläubigern und Aktionären einen Plan zur Umschuldung aufzustellen. Außerdem kann ein Sonderverwalter eingesetzt werden, welcher für eine solide und vorsichtige Unternehmensführung verantwortlich ist. Schließlich muss im Falle einer Frühintervention die Behörde dem SRB Bericht erstatten.

- Abwicklungsbefugnisse und Instrumente: Als verantwortliche Aufseherin löst die EZB im Bedarfsfall den Abwicklungsmechanismus aus. Stuft weiterhin das SRB eine Bank als abwicklungswürdig ein, kann es zusätzlich die EZB anhalten, die Abwicklung einzuleiten. Falls jedoch die EZB diese Entscheidung ablehnt, kann vom SRB selbst die Abwicklungsentscheidung getroffen werden. Dabei wird ein Abwicklungsentwurf inklusive entsprechender Ziele vom SRB an die EU-Kommission gegeben, welche die Ziele anhand des öffentlichen Interesses gegenprüft.

(Vgl. Europäische Kommission, 2012; Lindner, Soemer und Theobald, 2014, S. 14 f.)

Nach der RL 2014/59 sind dabei die folgenden Punkte von der Europäischen Kommission als Abwicklungsziele ausgegeben:

- Wahrung der Beständigkeit kritischer Funktionen von Banken.

- Verhinderung substanzieller negativer Folgen auf die Finanzstabilität, insbesondere zur Bewahrung der Marktdisziplin sowie Verhinderung einer Ansteckung von Kapitalmarktrisiken.

- Reduzierung der Beanspruchung einer außerordentlichen finanziellen Unterstützung aus öffentlichen Mitteln.

- Absicherung von kurzfristigen Anlegern und Einlegern.

(Vgl. Art. 31 Abs. 2 RL 2014/59)

Zur Erreichung dieser Abwicklungsziele hat der SRB weiterhin nach der RL 2014/59 die nachstehenden Abwicklungsinstrumente zur Verfügung:

- Unternehmensveräußerung: Vom SRB kann die Veräußerung einzelner Geschäftsbereiche oder Banken vorgeschlagen werden.

- Brückeninstitut: Vom SRB kann die Einrichtung einer Brückenbank (englisch: Bridge Bank), welche nach einer Aufspaltung der schlechten und guten Vermögenwerte, lediglich die guten aufnimmt, sodass diese Schritt für Schritt verkauft werden können, vorgeschlagen werden. Die schlechten Vermögenswerte werden auf Kosten der Anteilseigner abgeschrieben oder direkt verkauft.

- Ausgliederung von Vermögenswerten: Es können weiterhin vom SRB Vermögenswerte ausgegliedert werden. Dabei erfolgt eine Übertragung schlechter Vermögenswerte in eine speziell dafür errichtete Zweckgesellschaft, eine sogenannte Bad Bank. Dadurch wird die Bilanz der Bank bereinigt. Jedoch darf dieses Instrument nur in Verbindung mit einem der beiden voranstehenden Instrumente genutzt werden, um somit ein Ausnutzen zur Erlangung staatlicher Beihilfen auszuschließen.

- Bail-in Instrument: Vom SRB kann ein sogenannter Bail-in vorgeschlagen werden. Dies führt durch Verwässerung oder Entfernung von Anteilen zu einer Rekapitalisierung der Bank. Des Weiteren werden die Gläubigerforderungen verringert oder in Anteile umgeschrieben. Dabei muss das Bail-in einer klar vorgeschriebene Haftungskaskade folgen. Jene wird im nachstehenden Unterkapitel weiter betrachtet.

(Vgl. Art. 37 Abs. 3 RL 2014/59)

3.4.3 Aufbau des Abwicklungsfonds

Zur wirksamen Anwendung der im vorangegangenen Kapitel beschriebenen Abwicklungsinstrumente kann ein Anspruch nach finanziellen Mitteln aufkommen, welcher über die Beteiligung der Gläubiger und Anteilseigner an den Abwicklungskosten hinausgeht. Damit jedoch die Steuerzahler vor einem Risiko der Kostenübernahme bei Bankenabwicklungen geschützt bleiben, sind Banken seit 2015 selbst dazu verpflichtet, einen dies betreffenden Betrag an Mitteln, in Form von Abgaben an den Abwicklungsfonds (englisch Single Resolution Fund, SRF), aufzubauen. Hierbei richtet sich der Umfang der Abgabe, welche eine Bank einbringen muss zum einen an ihrer grundsätzlichen Abwicklungsfähigkeit, am Risikofaktor ihres Portfolios, insbesondere der Kredit- und Marktrisiken, am Umfang ihrer Bilanz exklusive der Einlagen und des Eigenkapitals sowie an Liquiditätsrisiken. Durch diese mehrdimensionale Bestimmung der Beitragshöhe soll die Bedeutung der Bank sowie das Geschäftsrisiko im Rahmen des Finanzsystems angemessen betrachtet werden. (Vgl. Sachverständigenrat, 2013; Europäisches Parlament, 2014)

Die Zielausstattung des Fonds soll dabei nach Ablauf einer Aufbauphase von acht Jahren bis Ende 2023 1,0 % der gedeckten Einlagen aller innerhalb der MSen zugelassenen Banken betragen. Schließlich sollen so nach Ablauf dieser Phase anhand Berechnungen der Europäischen Kommission von Ende 2011 ca. 55 Mrd. Euro zur Verfügung stehen, um die auftretenden Kosten einer Bankenabwicklung tragen zu können. Zudem werden während der beschriebenen Übergangsphase die geleisteten Beiträge zunächst nationalen Einzelkammern, welche über die Jahre jedoch miteinander verschmolzen werden, zugewiesen, sodass letztlich ein gemeinsamer Abwicklungsfonds das Ergebnis bildet. (Vgl. Deutsche Bundesbank, o.J.; Henze, 2016, S. 14 f.)

Der SRF kann zudem seit dem Jahr 2018 im Rahmen von Bail-In Maßnahmen Anwendung finden. Innerhalb dieser Maßnahmen tragen die Gläubiger einer Bank deren Verluste mit. Dies führt beispielsweise dazu, dass bei der Zahlungsunfähigkeit eines Staats, dessen Gläubiger nach einem vorgeschriebenen Verteilungsschlüssel Bestandteile ihrer Forderungen aufgeben oder verlieren. Dabei sollten mindestens 8,0 % der Bilanzsumme einer Bank anhand des Bail-In ausgeglichen werden. Demnach entstand, wie in Abbildung 5 zu sehen, folgende Haftungskaskade.

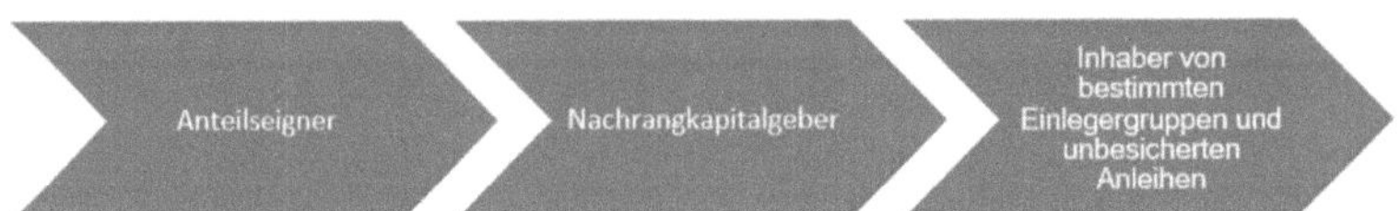

Abb. 5: Bail-In Haftungskaskade

Im ersten Schritt wird somit zunächst bei Anwendung des Bail-In der Eigenkapitalwert von Anteilseignern vollständig oder anteilig herabgestuft. Erfordert es jedoch einen weitreichenderen Kapitalbedarf, erfolgt auf Seiten der Gläubiger ein Schuldenschnitt oder eine Teil- bzw. Forderungsumwandlung in Eigenkapital. (Vgl. Angelkort, 2014, S. 11)

Bezüglich der Bail-In-fähigen Verbindlichkeiten wurden Mindestanforderungen zur Steigerung der Glaubwürdigkeit eines Bail-Ins sowie zum ausschließen des Risikos einer nicht zutreffenden Risikozinsgewichtung eingeführt. Entsprechend legen die betreffenden Abwicklungsbehörden für jede Bank eine individuelle Quote fest, nach der Bail-In-fähige Verbindlichkeiten den gesamten Verbindlichkeiten gegenübergestellt werden. Im Anwendungsfall würden diese Verbindlichkeiten dann durch die Abwicklungsbehörde als nachrangige Schuldtitel der Haftungsmasse zuströmen. Als Hauptziel ist dabei das Halten einer über das Eigenkapital hinausgehenden glaubwürdigen Haftungsmasse zu sehen, um damit bei einem Bail-In dem Risiko direkter Ansteckungseffekte unter den Banken entgegen zu wirken. (Vgl. Sachverständigenrat Wirtschaft, 2014, S. 189)

3.5 Einlagensicherung

Die dritte und damit letzte Säule der EBU soll ein europäisches System der Einlagensicherung (englisch: European Deposit Insurance Scheme, EDIS) bilden. Allerdings hat die Politik EDIS auf unbestimmte Zeit vertagt, was auf eine mangelnde Einigungsfindung zurück zu führen ist. Besonders Deutschland sträubt sich gegen eine Vergemeinschaftung von Verlusten, welche sich im Zuge eines einheitlichen europäischen Einlagensicherungssystems einstellen würden. Als Hauptargument gegen eine Harmonisierung der Einlagensicherung wird daher, aufgrund der Kostenabwälzung auf alle Beteiligten, die Reduzierung der Bereitschaft zur Vermeidung einzelner Bankenkrisen angebracht. Dieser Zustand wird auch als Moral Hazard Gefahr bezeichnet und würde zwischen den nationalen Einlagensicherungssystemen der Eurozone zudem einen neuen Transmissionsmechanismus erzeugen, durch welchen die Haftung einer jeden Bank innerhalb der EWU grundsätzlich unbegrenzt wäre. Jedoch wurde eine Harmonisierung der nationalen Einlagensicherungssysteme mit der Richtlinie 2014/49, der sogenannten Deposit Guarantee Schemes Directive (DGSD), weiter vorangetrieben. Demnach sind alle EU-Länder seitdem zur Unterhaltung nationaler bankenfinanzierter Einlagensicherungsfonds verpflichtet. Aufgrund dessen sind Bankeneinlagen im Falle einer Entschädigung bis zu einer Höhe von 100.000 Euro gesichert und garantieren somit in einem gewissen Maße die Rückzahlungsansprüche der Kunden einer Bank, falls diese nicht zu einer Rückzahlung der Einlage des Kunden im Stande ist. (Vgl. Bundesverband deutscher Banken e.V., 2017; Deutsche Bundesbank, 2017a; Bundesministerium der Finanzen o.J.a)

Durch die erforderliche Umsetzung der DGSD in jeweils nationale Verwaltungs- und Rechtvorschriften sowie die dortige Bildung finanzieller Mittel, erfolgt eine grundsätzliche Vereinheitlichung der nationalen Einlagensicherungsfonds der MSen. Somit entstehen zwar keine haftungsharmonisierenden Einlagensicherungssysteme, allerdings bauen die unterschiedlichen Einlagensicherungssysteme auf harmonisierten Anforderungen und Regeln auf. Schlussendlich kann daher die harmonisierte Einlagensicherung als zusätzliches Instrument zur Etablierung der EBU gesehen werden. (Vgl. Dohms, 2014)

3.5.1 Umfang und Finanzierung

Die Richtlinien sehen über zehn Jahre hinweg ein Volumen, der nationalen Finanzmittelausstattung der Sicherungsfonds von 0,8 % der gedeckten Einlagen bis hin zum 24.07.2024 vor. Dabei gelten jene Einlagen als gedeckte Einlagen, welche je Einleger und je Bank die rückerstattungsfähige Deckungssumme von maximal 100.000 Euro nicht überschreiten. Des Weiteren dürfen lediglich bis zu 30 % der Einzahlungen des Fonds Zahlungsversprechen sein, welche mit Schuldsicherheiten, typischerweise Wertpapieren, unterlegt sind. Diese Sicherheiten müssen bei der Einlagensicherung platziert werden und dürfen zudem selbst nur ein geringes Risiko darstellen. Der Fonds an sich finanziert sich grundsätzlich über Einzahlungen bzw. Abgaben von nationalen Banken. Dabei gilt, umso größer das Risiko des Bankportfolios ist, desto höhere Abgaben muss diese Bank entrichten. Denn mit steigendem Risikograd wächst auch die Aussicht auf Beanspruchung der Einlagensicherung. Entsprechende Indikatoren zur Bestimmung des Beitragsanteils einer Bank sind die Liquidität, Vermögensqualität, Rentabilität und Eigenkapitalausstattung. (Vgl. Lindner, Soemer, Theobald, 2014, S. 18 f.; Art. 13 Abs. 2 RL 2014/49; Deutsche Bundesbank 2017a)

3.5.2 Inanspruchnahme

Die Dauer, bei der Sparer bei Beanspruchung einer Einlagensicherung ihre Einlage zurückbekommen, verkürzt sich von aktuell 15 bis hin zum Jahr 2024 auf 7 Werktage. Weiterhin erfolgt im Rahmen der Harmonisierung eine Haftungsverbindlichkeit für die Spareinlagen von Tochtergesellschaften einer Bank im europäischen Ausland durch den heimischen Einlagensicherungsfonds. Jedoch bildet der dortige nationale Einlagensicherungsfonds eine Anlaufstelle für die ausländischen betroffenen Kunden und gibt demnach die wertensprechenden Mittel weiter. (Vgl. Sachverständigenrat Wirtschaft, 2013; Art. 8 Abs. 2 RL 2014/49)

4 Nachbesserungsbedarf bei Banken- und Finanzmarktaufsicht

Im Folgenden werden zur Ausbesserung der beschriebenen Schwachstellen als auch zur Steigerung der Effizienz der EBU Verbesserungsvorschläge aufgezeigt.

4.1 Gläubigerbeteiligung

Durch die Finanzkrise wurde deutlich, dass die Finanzmarktteilnehmer keinen adäquat zum Geschäftsrisiko der Bank angemessenen Fremdkapitalzins verlangen, solange ein mögliches Bail-Out zu erwarten ist. Die daraus resultierende vereinfachte Kapitalbeschaffung sorgt für eine gestiegene Verschuldungsbereitschaft sowie Risikoübernahme. Gerät eine Bank in Schieflage und resultiert daraus ein Bail-In, kann dies zu Ansteckungseffekten bei weiteren Banken aus deren Gläubigerbeteiligung führen. Die SRM-VO in Zusammenhang mit den Regelungen der BRRD sehen zur Bewältigung dieser Problematik diskretionäre[16] Spielräume bei der Aufsicht vor. Anhand derer können bestimmte Gläubigergruppen vom Bail-In ausgeschlossen werden. Allerdings erschweren diese Spielräume den Gläubigern eine angemessene Bestimmung der Höhe der Fremdkapitalzinsen, sodass diese das Geschäftsrisiko der Banken angemessen wiedergeben. Solange dementsprechend die Gläubiger das Ausbleiben eines Bail-In erwarten können, werden sie einen nicht adäquat zum Geschäftsrisiko stehenden Zins verlangen. Daher sollten die Regeln zur Gläubigerbeteiligung durch ein garantiertes Bail-In ergänzt werden, wonach Gläubiger einer Bank im Krisenfall ihre Investitionen wahrhaftig zu verlieren drohen und dadurch einen angemessenen Zinsaufschlag bezüglich der Risikobewertung vornehmen. Gläubiger von Banken mit risikoreichen Geschäftsmodellen sollten dadurch einen höheren Zins zum Ausgleich des Risikos fordern, als von jenen mit risikoärmeren. Dazu bedarf es allerdings einer genaueren Definition des Auslösers, welcher ein Bail-In schließlich einleitet. (Vgl. Bauer und Demary, 2014, S. 31; Huß, 2015, S. 125 f.)

4.2 Eigenkapitalunterlegung von Staatsanleihen

Wie bereits in Kapitel 2.1 genauer erläutert, sind Banken und Staaten eng miteinander verflochten. Dies wird zudem durch die fehlende

---

[16] dem Ermessen des Partners anheimstellend (Dudenredaktion, o.J.j)

Eigenkapitalunterlegung für Staatsanleihen der EWU verstärkt. Das Verhältnis von Kernkapital zur risikogewichteten Aktiva gilt als regulatorische Eigenkapitalquote. Demnach erhalten risikoreichere Aktiva ein größeres Gewicht als risikoärmere, wodurch entsprechend eine Unterlegung von risikoreicheren Geschäften mit mehr haftendem Eigenkapital bezweckt werden soll. Ein veranschaulichendes Rechenbeispiel kann im Anhang 5 hinzugezogen werden. Zur Auflockerung des Teufelskreises aus Banken- und Staatsschuldenkrisen sollte die Eigenkapitalregulierung wie folgt ergänzt werden. (Vgl. Bauer und Demary, 2014, S. 29 f.)

Anhand der Richtlinie 2011/0203 wurde im Rahmen der Eigenkapitalregeln eine Beschränkung von Großkrediten auf 25 % des anrechenbaren Eigenkapitals bestimmt, welche allerdings nicht für Staatsanleihen der MSen gelten. Jedoch fördert dies ein zu starkes Engagement der Banken in Staatsanleihen. Dieses Engagement der Banken sollte somit ebenfalls auf 25 % begrenzt werden. (Vgl. Demary und Schuster, 2013, S. 50 ff.)

Eine weitere Maßnahme zur Senkung des Anreizes für ein Engagement in Staatsanleihen stellt eine risikobasierte Eigenkapitalunterlegung dar. Weiterhin wird so ein ausreichendes Aufkommen an Eigenkapital seitens der Banken sichergestellt, um somit besser Verluste aus Staatschuldenkrisen bewältigen zu können. Jedoch bleibt zu erwähnen, dass dadurch eine Verteuerung der Staatsfinanzierung für EU-MSen einhergeht. Abschließend trägt ebenfalls ein zu starkes Engagement der Banken in Anleihen ihres eigenen Landes, anstelle international diversifizierter Anleihen, zur Verstärkung des Teufelskreises bei. Daher sollte eben diese Diversifikation der Anlageentscheidungen vom regulatorischen Rahmen mit Risikogewichten gefördert werden. Somit sollten Banken mit einem weniger diversifizierten Portfolio mehr Eigenkapital unterlegen müssen als jene mit einem breit diversifizierten Anlagenportfolio. (Vgl. Bauer und Demary, 2013, S. 30; Pockrandt und Radde, 2012, S. 3 ff.)

5 Fazit

Betrachtet man schlussendlich den Zeitraum, welcher in der EWU zwischen der Einführung einer supranationalen Währung sowie der Einführung einer harmonisierten supranationalen Banken- und Finanzmarktregulierung liegt, erscheint der vergangene Verzicht einer solchen Lösung als äußerst verwunderlich. Diese Verwunderung wird doch insbesondere unter dem Gesichtspunkt der existenziellen Bedeutung eines intakten Bankensystems als Transmissionsmechanismus der geldpolitischen Entscheidungen der EZB für die EWU weiter bekräftigt. Denn mit den unterschiedlichen Krisen wurde das Erfordernis eines entsprechenden zentralisierten und einheitlichen Aufsichts- und Regulierungsregelwerks deutlich offenbart. Infolgedessen wurde die EBU mit dem Ziel entwickelt, die aufgetretenen Problematiken bestmöglich aufzulösen, weiteren Krisen optimal vorzubeugen sowie einer erneuten Haftung der öffentlichen Haushalte einen Riegel vorzuschieben. Grundsätzlich kann dabei unter Betrachtung der geltenden Regularien, welche vor Ausbruch der Krisen bestanden, festgehalten werden, dass die wesentlichen Kernelemente der EBU wahrhaftig verbesserte Instrumentarien gegen Krisen mit sich bringen. Dabei bleibt vor allem die vorgeschaltete Gläubigerbeteiligung zur erneuten Zusammenführung von Haftung und Risiko zu erwähnen. Jedoch kann dem aktuellen Konstrukt der EBU unterm Strich lediglich eine Einschränkung des thematisierten Risikoverbundes, bestehend aus Banken und Staaten, zugutegehalten werden. Eine vollständige Ausräumung dieses Teufelskreises kann darin nicht gesehen werden. Innerhalb der Regelwerke zur EBU lassen sich zum Teil umfangreiche und nicht eindeutig formulierte Ausnahmeregelungen finden. Dieser Zustand lässt doch erheblich an die Ausnahmeregelungen zu den Maastrichter Verträgen, insbesondere im Hinblick auf Stabilitäts- und Konvergenzkriterien, erinnern. Allerdings bleibt festzuhalten, dass die Glaubwürdigkeit der Finanzmarktteilnehmer vor allem in die strikte und unmittelbare Durchführung der Bankenaufsicht, in die objektiven Abwicklungsentscheidungen sowie in die Finanzstärke der geschaffenen Abwicklungsinstrumente, für einen langfristigen Erfolg der EBU als fundamental angesehen werden können. Entsprechend schwächen die nachstehenden Punkte die Glaubwürdigkeit der Finanzmarktteilnehmer weiter. Diese können insbesondere beim Interessenkonflikt innerhalb der EZB, aufgrund der Verantwortlichkeit für den SSM, bei einem ausufernden Ermessensspielraum des SRB sowie bei den bestehenden Ausnahmeregelungen zum Bail-In unter Angabe der

Gefahren einer systemischen Ansteckung, im Rahmen des SRM, gesehen werden. Dem folgend erhöht sich zudem der damit verbundene Glaube nach staatlich finanzierten Bail-Outs auf Seiten der Finanzmarktteilnehmer, was wiederum ein nicht angemessenes Vornehmen von Risikobewertung mit sich führen würde und daher der beschriebene Risikoverbund schlussendlich erhalten bleibt. Aufgrund dessen, sollte die EBU nicht grundsätzlich als eine schnelle und wahrhaftige Lösung für die beschriebenen Problematiken innerhalb der EWU gesehen werden, was den momentanen Standards lediglich einen Übergangscharakter beimisst. Eine Weiterentwicklung des bestehenden institutionellen Rechtsrahmens muss deshalb im Interesse aller europäischen Staaten und Institute liegen. Vorstellbar bliebe hier eine Anpassung der Befugnisse für die Entscheidung von Bankenaufsichten, weg von SRB und EZB-Rat, hin zu einer einzigen, institutionellen, vereinheitlichten und eigenständigen EU-Behörde. Diese könnte die erforderliche Glaubwürdigkeit grundlegend erhöhen sowie die Probleme, bezüglich des immensen Ermessensspielraums auf Seiten des SRB sowie des Interessenkonfliktes bei der EZB über Aufsichtsentscheidungen, ausräumen. Es bedarf dazu jedoch einer Anpassung der fehlenden rechtlichen Verankerungen des SRB innerhalb der europäischen Verträge, was als eher unwahrscheinlich angesehen werden darf. Ferner könnte allerdings zur Senkung der Risiken beim Verbund aus Banken und Staaten eine Minimierung der Ausnahmeregelungen beim Bail-In sowie eine klare Festlegung von Kennzahlen eingeführt werden. Darauf aufbauend erscheint eine Erhöhung bei den Mindestanforderungen für die Eigenkapitalunterlegung systemisch wichtiger Banken sowie die im Rahmen der Basel-III Vorschläge bereits geäußerte und in dieser Arbeit thematisierte Eigenkapitalunterlegung von Staatsanleihen als durchaus sinnvoll. Abschließend kann zusammengefasst werden, dass im aktuellen Konzept der EBU ein entscheidender Schlüssel zur richtungsweisenden und nachhaltigen Wahrung der europäischen Finanzmarktstabilität gesehen werden kann. Ebenfalls wird dadurch ein wichtiger Schritt zur Minimierung der Gefahr weiterer möglicher öffentlicher Haftungen gegangen. Das Schaffen eines harmonisierten und konkreten Regelwerkes bezüglich der Aufsicht und Abwicklung von Banken, schloss dabei eine beträchtliche Lücke zur europäischen Banken- und Finanzmarktregulierung. Jedoch kann allen Maßnahmen zum Trotz eine gemeinschaftliche Haftung innerhalb der EWU als letztes geeignetes Mittel mindestens mittelfristig als unvermeidlich angesehen werden.

Literaturverzeichnis

Acharya, Viral; Schnabel, Philipp (2010): Do Global Banks Spread Global Imbalances? Asset-Backed Commercial paper during the Financial Crisis of 2007-09. IMF Economic Review 58, S. 37 - 73.

Angelkort; Noack (2014): Ist die Bankenunion nur ein Placebo? Hg. v. Friedrich-Ebert-Stiftung, online verfügbar unter http://library.fes.de/pdf-files/managerkreis/10613-20140404.pdf, letzter Zugriff am 19.01.2019, S. 11.

Asmussen, Jörg (2013): Die Rolle der Europäischen Zentralbank in der Europäischen Schuldenkrise, online Verfügbar unter https://www.ecb.europa.eu/press/key/date/2013/html/sp130318_1.de.html, letzter Zugriff am 10.01.2018.

Bauer, Matthias; Demary, Markus (2014): Europäische Bankenunion: Stand der Umsetzung und Nachbesserungsbedarf, Berlin: Konrad-Adenauer-Stiftung, S. 6 - 31.

Breuss, Fritz (2013): Europäische Bankenunion, Vierteljahresheft zur Wirtschaftsforschung, Vol. 82, Iss. 2, Berlin: Duncker & Humblot, S. 127 - 147.

Borio, Claudio; Disyatat, Piti (2011): Global Imbalances and the Financial Crisis: Link or no Link?, Basel: BIS Working Paper.

Bundesministerium der Finanzen (2014): Einheitliche Bankenaufsicht, Berlin: Referat Öffentlichkeitsarbeit, online verfügbar unter https://www.bundesfinanzministerium.de/Content/DE/Standardartikel/Themen/Europa/Stabilisierung_des_Euro/Bankenunion/Bankenaufsicht/einheitliche-bankenaufsicht.html, letzter Zugriff am 08.01.2019.

Bundesministerium der Finanzen (2018): Monatsbericht des BMF Januar 2018, Berlin: Referat Öffentlichkeitsarbeit, online verfügbar unter https://www.bundesfinanzministerium.de/Monatsberichte/2018/01/Inhalte/Kapitel-3-Analysen/3-1-Single-Supervisory-Mechanism.html, letzter Zugriff am 07.01.2019.

Bundesministerium der Finanzen (o.J.a): Einlagensicherung, Berlin: Referat Öffentlichkeitsarbeit, online verfügbar unter https://www.bundesfinanzministerium.de/Content/DE/Glossareintraege/E/026_Einlagensicherung.html?view=renderHelp, letzter Zugriff am 20.01.2019.

Bundesverband deutscher Banken e.V. (2017): Deutsche Kreditwirtschaft lehnt aktuelle Vorschläge der EU-Kommission zur Schaffung einer europaweit einheitlichen Einlagensicherung (EDIS) ab, online Verfügbar unter https://bankenverband.de/newsroom/presse-infos/deutsche-kreditwirtschaft-lehnt-vorschlage-eu-kommission-zu-europaweit-einheitlichen-einlagensicherung-ab/, letzter Zugriff am 02.02.2019.

Coeuré, Benoît (2016): Geldpolitik in einem Umfeld niedrigen Wachstums, online Verfügbar unter https://www.ecb.europa.eu/press/key/date/2016/html/sp161028.de.html, letzter Zugriff am 19.12.2018.

Demary, Markus; Schuster, Thomas (2013): Die Neuordnung der Finanzmärkte: Stand der Finanzmarktregulierung fünf Jahre nach der Lehman Pleite, IW Analysen Nr. 90: Köln, S. 50 - 60.

Deutsche Bundesbank (2011): Basel-III - Leitfaden zu den neuen Eigenkapital- und Liquiditätsregeln für Banken. Deutsche Bundesbank. Frankfurt am Main, online verfügbar unter https://www.bundesbank.de/de/publikationen/bundesbank/basel-iii---leitfaden-zu-den-neuen-eigenkapital--und-liquiditaetsregeln-fuer-banken-651902, letzter Zugriff am 02.01.2019.

Deutsche Bundesbank (2014): Monatsbericht Juni 2014. Deutsche Bundesbank. Frankfurt am Main, online verfügbar unter https://www.bundesbank.de/resource/blob/652134/f9108ad039dbeec1d0aa30db7717eb48/mL/2014-06-monatsbericht-data.pdf, letzter Zugriff am 14.01.2019.

Deutsche Bundesbank (2017): Leverage Ratio, Deutsche Bundesbank. Frankfurt am Main, online verfügbar unter https://www.bundesbank.de/de/aufgaben/bankenaufsicht/einzelaspekte/leverage-ratio, letzter Zugriff am 02.01.2019.

Deutsche Bundesbank (2017a): Gemeinsame Einlagensicherung, Bankenaufsicht in der Europäischen Union, Deutsche Bundesbank. Frankfurt
am Main, online verfügbar unter https://www.bundesbank.de/de/auf-
gaben/bankenaufsicht/zielsetzung/eu/gemeinsame-einlagensiche-
rung-597944, letzter Zugriff am 20.01.2019.

Deutsche Bundesbank (2018): Deutsche Staatsschulden sinken 2017 um 53
Mrd Euro auf 2,09 Billionen Euro – Schuldenquote geht von 68,2 % auf
64,1 % zurück, Deutsche Bundesbank. Frankfurt am Main, online Verfügbar unter https://www.bundesbank.de/de/presse/pressenoti-
zen/deutsche-staatsschulden-sinken-2017-um-53-mrd-euro-auf-2-09-
billionen-euro---schuldenquote-geht-von-68-2---auf-64-1---zurueck-
723958, letzter Zugriff am 06.02.2019.

Deutsche Bundebank (o.J.a): Transmissionsprozess, online Verfügbar unter
https://www.bundesbank.de/action/de/723820/bbkse-
arch?state=H4sI-
AAAAAAAAG1Qy2rDQAz8laJj8SE99LLHQgyF0hqcH1DWU3tB2XW18
sGE_HtkaEJbetM8NIx0pq8FulKgR2ooTpwz5HWgkBeRhoYSD-
uMG5x5PtyorBr6JMjrFI4X3xOYtBvYGUcBe0mv6wfs6WSb_tTstpBO4-
h8PS8-8X0pimP3sQF2jK12hvMg53rnWGZJz7C3Jwyb7n7zEeBtzVd8J-
hU1QIov1xDmxotZzudzo-lJ-oL6JtgtxfUYuaF7FkggeukS5XaVlhNT-
wBAAA&firstLetter='T', letzter Zugriff am 17.12.2018.

Deutsche Bundesbank (o.J.b): Geldpolitische Outright-Geschäfte, online Verfügbar unter https://www.bundesbank.de/dynamic/action/de/start-
seite/glossar/723820/glossar?firstLetter=G&contentId=652364#an-
chor-652364, letzter Zugriff am 17.12.2018.

Deutsche Bundesbank (o.J.c): Rating, online Verfügbar unter
https://www.bundesbank.de/action/de/723820/bbkse-
arch?state=H4sI-
AAAAAAAAAG1Qy2rDQAz8laJj8SE99LK3BmoolMaQ_ICyn-
toLyq6rlQ8m5N8jQxPa0pvmoWGkM33N0IUCPVJDceScIW89hTyLNNS
XeFgm3ODEAz7mE4VNQ58cYZXC-eJzEoN-
AyvDIGhXebvsJksl3_bHZLWDdh5D4el584vZm6Y8eBMXaM3Uau8wD3
buxRmWaeQjzM0p85r7mvko8LamM_4zdI-
oKQbQ_zp4NrZbT_U7Hh_IT7YtomyD3V9Si5kUsmeCBa6TLFf-
nAJ5A8AQAA&firstLetter=R, letzter Zugriff am 20.12.2018.

Deutsche Bundesbank (o.J.d): Verschuldungsquote, online Verfügbar unter
https://www.bundesbank.de/dynamic/action/de/start-
seite/glossar/723820/glossar?firstLetter=V&contentId=652558#an-
chor-652558, letzter Zugriff am 02.01.2019.

Deutsche Bundesbank (o.J.e): Single Rule Book, online Verfügbar unter
https://www.bundesbank.de/action/de/723820/bbkse-
arch?state=H4sI-
AAAAAAAAAG1Qy2rDQAz8laJj8SE99LK3BmoolMaQ_ICyn-
toLyq6rlQ8m5N8jQxPa0pvmoWGkM33N0IUCPVJDceScIW89hTyLNNS
XeFgm3ODEAz7mE4VNQ58cYZXC-eJzEoN-
AyvDIGhXebvsJksl3_bHZLWDdh5D4el584vZm6Y8eBMXaM3Uau8wD3
buxRmWaeQjzM0p85r7mvko8LamM_4zdI-
oKQbQ_zp4NrZbT_U7Hh_IT7YtomyD3V9Si5kUsmeCBa6TLFf-
nAJ5A8AQAA&firstLetter=S, letzter Zugriff am 04.01.2019.

Deutsche Bundesbank (o.J.f): Europäische Aufsichtsbehörden, online Verfügbar unter https://www.bundesbank.de/dynamic/action/de/start-
seite/glossar/723820/glossar?firstLetter=E&contentId=652168#an-
chor-652168, letzter Zugriff am 04.01.2019.

Deutsche Bundesbank (o.J.g): Europäische Finanzstabilisierungsfazilität, online Verfügbar unter https://www.bundesbank.de/dynamic/ac-
tion/de/startseite/glossar/723820/glossar?firstLetter=E&conten-
tId=652096#anchor-652096, letzter Zugriff am 08.01.2019.

Deutsche Bundesbank (o.J.h): Europäische Stabilitätsmechanismus, online Verfügbar. unter https://www.bundesbank.de/dynamic/action/de/startseite/glossar/723820/glossar?firstLetter=E&contentId=648508#anchor-648508, letzter Zugriff am 08.01.2019.

Deutsche Bundesbank (o.J.i): Richtlinie zur Sanierung und Abwicklung von Kreditinstituten, online Verfügbar unter https://www.bundesbank.de/dynamic/action/de/startseite/glossar/723820/glossar?firstLetter=R&contentId=651828#anchor-651828, letzter Zugriff am 14.01.2019.

Deutsche Bundesbank (o.J.j): Einheitlicher Abwicklungsfonds (Single Resolution Fund, SRF), online Verfügbar unter https://www.bundesbank.de/dynamic/action/de/startseite/glossar/723820/glossar?firstLetter=E&contentId=651794#anchor-651794, letzter Zugriff am 19.01.2019.

Dohms, Heinz-Roger (2014): Drei Säulen gegen den Euro-GAU, Hg. v. Tagesschau. Arbeitsgemeinschaft der öffentlich-rechtlichen Rundfunkanstalten der Bundesrepublik Deutschland, online verfügbar unter http://www.tagesschau.de/wirtschaft/ezb-bankenaufsicht-101.html, letzter Zugriff am 24.01.2019.

Dudenredaktion (o.J.a): Suchergebnisse „supranational" auf Duden online, https://www.duden.de/rechtschreibung/supranational, letzter Zugriff am 17.12.2018.

Dudenredaktion (o.J.b): Suchergebnisse „fragmentieren" auf Duden online, https://www.duden.de/rechtschreibung/fragmentieren, letzter Zugriff am 17.12.2018.

Dudenreaktion (o.J.c): Sucherergebnisse „Peripherieland" auf Duden online, https://www.duden.de/rechtschreibung/Peripherieland, letzter Zugriff am 18.12.2018.

Dudenredaktion (o.J.d): Suchergebnisse „Allokation" auf Duden online, https://www.duden.de/suchen/dudenonline/Allokation, letzter Zugriff am 18.12.2018.

Dudenredaktion (o.J.e): Suchergebnisse „Arbitrage" auf Duden online, https://www.duden.de/rechtschreibung/Arbitrage, letzter Zugriff am 19.12.2018.

Dudenredaktion (o.J.f): Suchergebnisse „implizite" auf Duden online, https://www.duden.de/rechtschreibung/implizite, letzter Zugriff am 20.12.2018.

Dudenredaktion (o.J.g): Suchergebnisse „makroprudenziell" auf Duden online, https://www.duden.de/suchen/dudenonline/makroprudenziell, letzter Zugriff am 02.01.2019.

Dudenredaktion (o.J.h): Suchergebnisse „mikroprudenzielle" auf Duden online, https://www.duden.de/suchen/dudenonline/mikroprudenzielle, letzter Zugriff am 04.01.2019.

Dudenredaktion (o.J.i): Suchergebnisse „conditio sine qua non" auf Duden online, https://www.duden.de/suchen/dudenonline/conditio%20sine%20qua%20non, letzter Zugriff am 24.01.2019.

Dudenredaktion (o.J.j): Suchergebnisse „diskretionär" auf Duden online, https://www.duden.de/suchen/dudenonline/diskretion%C3%A4r, letzter Zugriff am 02.02.2019.

Europäische Kommission (2012): Neue Krisenmanagement-Maßnahmen zur Vermeidung künftiger Bankenrettungen (Pressemitteilung Nr. IP/12/570), Brüssel, Belgien, online Verfügbar unter http://europa.eu/rapid/press-release_IP-12-570_de.htm, letzter Zugriff am 16.01.2019.

Europäische Kommission (2014): Umfassende Reaktion der EU auf die Finanzkrise: Wichtige Schritte in Richtung solider Rahmenbestimmungen für den Finanzsektor in Europa und einer Bankenunion für den Euroraum (Pressemitteilung Nr. MEMO/14/244), Brüssel, Belgien, online Verfügbar unter http://europa.eu/rapid/press-release_MEMO-14-244_de.htm, letzter Zugriff am 19.01.2019.

Europäisches Parlament (2014): Parliament negotiators rescue seriously damaged bank resolution system (Pressemitteilung Nr. 20140319IPR39310), Brüssel, Belgien, online Verfügbar unter http://www.europarl.europa.eu/news/de/press-room/20140319IPR39310/parliament-negotiators-rescue-seriously-damaged-bank-resolution-system, letzter Zugriff am 19.01.2019.

Europäische Zentralbank (2014): Leitfaden zur Bankenaufsicht. Europäische Zentralbank, online Verfügbar unter https://www.ecb.europa.eu/pub/pdf/other/ssmguidebankingsupervision201409de.pdf, letzter Zugriff am 08.01.2019.

Europäische Zentralbank (o.J.): Einheitlicher Aufsichtsmechanismus, online Verfügbar unter https://www.bankingsupervision.europa.eu/about/thessm/html/index.de.html, letzter Zugriff am 21.01.2019.

European Banking Authority (o.J.): About us. European Banking Authority, online verfügbar unter https://eba.europa.eu/languages/home_de, letzter Zugriff am 04.01.2019.

Everling, Oliver; Langen, Rainer (2013): Basel III. Auswirkungen des neuen Bankenaufsichtsrechts auf den Mittelstand, 1. Auflage, Köln: Bank-Verlag GmbH, S. 18.

Finance Watch (2013): The importance of being separated (Policy Note), Brüssel.

Henze, Markus (2016): Einheitliche Abwicklung für Europas Banken, Die zentrale Bankenabwicklung in der Eurozone auf dem Prüfstand, Wiesbaden: Springer Gabler, S. 14 - 15.

Huß, Peter (2015): Der Weg zur Europäischen Bankenunion vor dem Hintergrund der großen Finanz- und Staatschuldenkrise, Hamburg: disserta Verlag, S. 95 - 127.

Illing, Falk (2017): Die Eurokrise. Analyse der europäischen Strukturkrise, 2. Auflage, Wiesbaden: Springer VS, S. 135.

Jessberger, Pascal (2013): Auswirkungen von Basel III auf Risikomanagement und Risikocontrolling. Chancen, Risiken, Schlussfolgerungen für mittelständische Banken. Wiesbaden: Springer Fachmedien Wiesbaden, S. 6.

Lindner, Fabian (2013): Banken treiben Eurokrise. IMK Report 82, Düsseldorf: Institut für Makroökonomie und Konjunkturforschung (IMK).

Lindner, Thomas; Soemer, Nicolas; Theobald, Thomas (2014): Chancen und Risiken der Europäischen Bankenunion, Düsseldorf: Institut für Makroökonomie und Konjunkturforschung (IMK), S. 2 - 19.

Mersch, Yves (2013a): Die Bankenunion - eine europäische Perspektive: Gründe, Chancen und Herausforderungen, Berlin, online Verfügbar unter https://www.ecb.europa.eu/press/key/date/2013/html/sp130405.de.html, letzter Zugriff am 18.12.2018.

Mersch, Yves (2013b): Die Europäische Bankenunion - die ersten Meter einer langen Reise, Frankfurt, online Verfügbar unter https://www.ecb.europa.eu/press/key/date/2013/html/sp130227_1.de.html, letzter Zugriff am 19.12.2018.

Pockrandt, Johannes; Radde, Sören (2012): Reformbedarf in der EU-Bankenregulierung: Solvenz von Banken und Staaten entkoppeln. DIW-Wochenbericht 79 (2012) 42, S. 3 - 11, online Verfügbar unter https://www.diw.de/documents/publikationen/73/diw_01.c.409796.de/12-42-1.pdf, letzter Zugriff am 04.01.2019.

Sachverständigenrat Wirtschaft (2013): Gegen eine rückwärtsgewandte Wirtschaftspolitik (Jahresgutachten Nr. 2013/14). Sachverständigenrat zur Begutachtung der gesamtwirtschaftlichen Entwicklung, Wiesbaden, Deutschland, online Verfügbar unter https://www.sachverstaendigenrat-wirtschaft.de/fileadmin/dateiablage/gutachten/jg201314/JG13_Ges.pdf, letzter Zugriff am 19.01.2019.

Sachverständigenrat Wirtschaft (2014): Mehr Vertrauen in Marktprozesse. Jahresgutachten 2014/15, Wiesbaden: Statist. Bundesamt, online Verfügbar unter https://www.sachverstaendigenrat-wirtschaft.de/fileadmin/dateiablage/gutachten/jg201415/JG14_ges.pdf, letzter Zugriff am 19.01.2019.

Schäuble, Wolfgang (2014): Bundesregierung bringt Maßnahmenpaket zur europäischen Bankenunion auf den Weg, online Verfügbar unter https://www.bundesfinanzministerium.de/Content/DE/Pressemitteilungen/Finanzpolitik/2014/07/2014-07-02-PM31.html, letzter Zugriff am 17.12.2018.

Schnabel, Isabel (2014): Das europäische Bankensystem: Bestandsaufnahme und Herausforderungen. In: Wirtschaftsdienst 94 (S1), S. 6 - 10.

Shin, Hyun Song (2012): Global Banking Glut and Loan Risk Premium. IMF Economic Review 60, S. 155 - 192.

Statistisches Bundesamt (o.J): Bevölkerung auf Grundlage des Zensus 2011, online Verfügbar unter https://www.destatis.de/DE/ZahlenFakten/GesellschaftStaat/Bevoelkerung/Bevoelkerungsstand/Tabellen/Zensus_Geschlecht_Staatsangehoerigkeit.html;jsessionid=DF101318CD0ED71E06631E78B6E82D6B.InternetLive1, letzter Zugriff am 06.02.2019.

Zotter, Thomas (2012): Bankenrestrukturierung und -abwicklung, Wirtschaft und Gesellschaft 38, S. 671 - 714.

Richtlinien und Verordnungen

Richtlinie 2011/0203/EU des Europäischen Parlaments und des Rates vom 20.07.2011 über den Zugang zur Tätigkeit von Kreditinstituten und die Beaufsichtigung von Kreditinstituten und Wertpapierfirmen und zur Änderung der Richtlinie 2002/87/EG des Europäischen Parlaments und des Rates über die zusätzliche Beaufsichtigung der Kreditinstitute, Versicherungsunternehmen und Wertpapierfirmen eines Finanzkonglomerats, online Verfügbar unter https://eur-lex.europa.eu/legal-content/DE/TXT/PDF/?uri=CELEX:52011PC0453&qid=1549105440178&from=EN, letzter Zugriff am 02.02.2019.

Richtlinie 2013/36/EU des Europäischen Parlaments und des Rates vom 26.06.2013 über den Zugang zur Tätigkeit von Kreditinstituten und Wertpapierfirmen, zur Änderung der Richtlinie 2002/87/EG und zur Aufhebung der Richtlinien 2006/48/EG und 2006/49/EG, online Verfügbar unter https://eur-lex.europa.eu/legal-content/DE/TXT/PDF/?uri=CELEX:32013L0036&from=DE, letzter Zugriff am 13.01.2019.

Richtlinie 2014/49/EU des Europäischen Parlaments und des Rates vom 16.04.2014 über Einlagensicherungssystem (Neufassung), online Verfügbar unter https://eur-lex.europa.eu/legal-content/DE/TXT/HTML/?uri=CELEX:32014L0049&from=DE, letzter Zugriff am 20.01.2019.

Richtlinie 2014/59/EU des Europäischen Parlaments und des Rates vom 15.05.2014 zur Festlegung eines Rahmens für die Sanierung und Abwicklung von Kreditinstituten und Wertpapierfirmen und zur Änderung der Richtlinie 82/891/EWG des Rates, der Richtlinien 2001/24/EG, 2002/47/EG, 2004/25/EG, 2005/56/EG, 2007/36/EG, 2011/35/EU, 2012/30/EU und 2013/36/EU sowie der Verordnungen (EU) Nr. 1093/2010 und (EU) Nr. 648/2012, online Verfügbar unter https://eur-lex.europa.eu/legal-content/DE/TXT/PDF/?uri=CELEX:32014L0059&from=DE, letzter Zugriff am 14.01.2019.

Verordnung 1093/2010 des Europäischen Parlaments und des Rates vom 15.12.2010 zur Errichtung einer Europäischen Aufsichtsbehörde (Europäische Bankenaufsichtsbehörde), zur Änderung des Beschlusses Nr. 716/2009/EG und zur Aufhebung des Beschlusses 2009/78/EG der Kommission, online Verfügbar unter https://eur-lex.europa.eu/LexUriServ/LexUriServ.do?uri=OJ:L:2010:331:0012:0047:DE:PDF, letzter Zugriff am 05.01.2019.

Verordnung 575/2013 des Europäischen Parlaments und des Rates vom
26.06.2013 über Aufsichtsverordnungen an Kreditinstitute und Wertpapierfirmen und zur Änderung der Verordnung (EU) Nr. 646/2012,
online Verfügbar unter https://eur-lex.europa.eu/legal-con-
tent/DE/TXT/PDF/?uri=CELEX:32013R0575&from=DE, letzter Zugriff
am 13.01.2019.

Verordnung 1024/2013 des Europäischen Parlaments und des Rates vom
15.10.2013 zur Übertragung besonderer Aufgaben im Zusammenhang
mit der Aufsicht über Kreditinstitute auf die Europäische Zentralbank,
online Verfügbar unter https://eur-lex.europa.eu/legal-con-
tent/DE/TXT/PDF/?uri=CELEX:32013R1024&from=DE, letzter Zugriff
am 08.01.2019.

Verordnung 806/2014 vom des Europäischen Parlaments und des Rates
15.07.2014 zur Festlegung einheitlicher Vorschriften und eines einheitlichen Verfahrens für die Abwicklung von Kreditinstituten und bestimmten Wertpapierfirmen im Rahmen eines einheitlichen Abwicklungsmechanismus und eines einheitlichen Abwicklungsfonds sowie
zur Änderung der Verordnung (EU) Nr. 1093/2010, online Verfügbar
unter https://eur-lex.europa.eu/legal-con-
tent/DE/TXT/HTML/?uri=CELEX:32014R0806&from=DE, letzter Zugriff am 16.01.2019.

Anhang

Anhang 1: Der Risikoverbund aus Bank- und Staatschulden

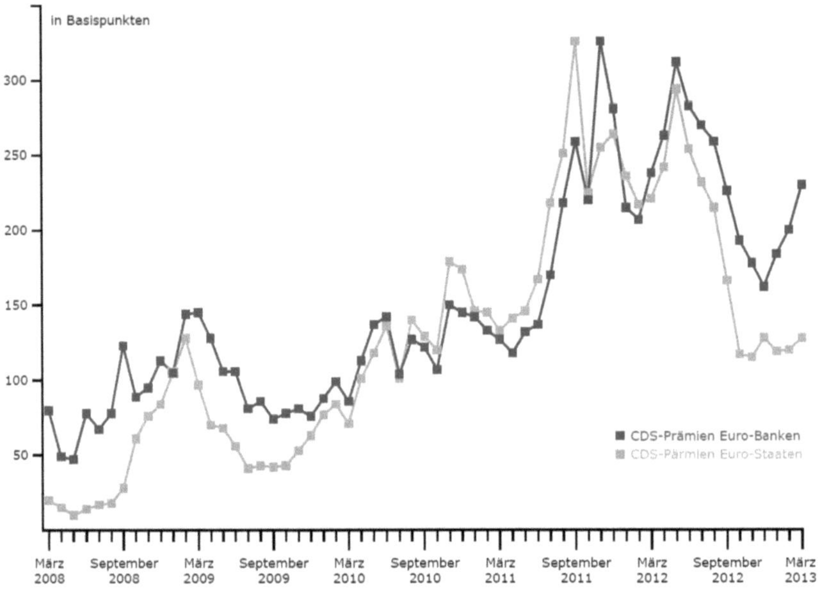

Anhang 1 zeigt den Risikoverbund nochmals anhand der Prämien für handel-
bare Kreditausfallversicherungen, den Credit Default Swaps (CDS) auf. Wie dort
zu erkennen ist, verlaufen die Prämien der CDS von Banken- und Staatsanleihen
annähernd identisch. (Bauer und Demary, 2014, S. 8)

Anhang 2: Ratingvorteile durch Systemrelevanz

(Differenz aus All-in-Rating und Stand-alone-Rating), Rankingklassen nach Moody´s Klassifikation

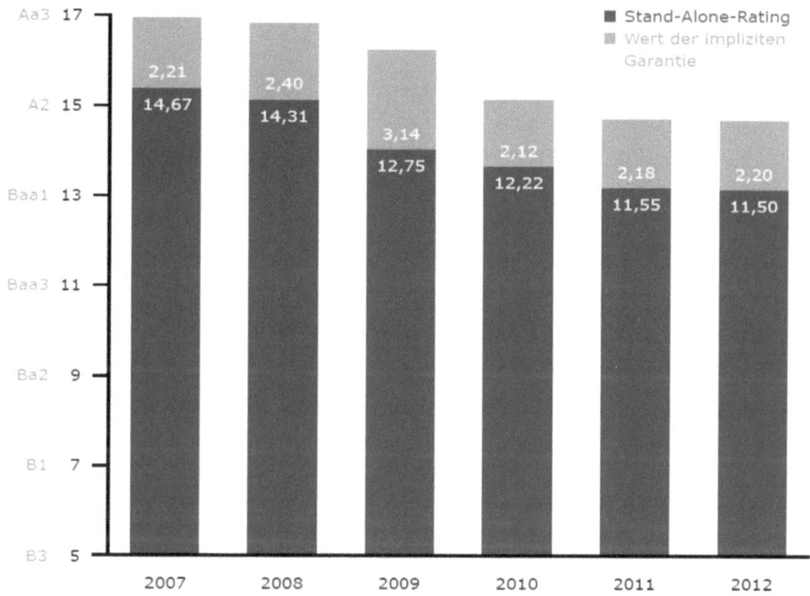

(Bauer und Demary, 2014, S. 9)

Anhang 3: Liquiditätsstandards

Stresstest-Kennziffer (bis 30 Tage)

$$\text{Liquidity Coverage Ratio} = \frac{\text{Bestand an hochliquiden Aktiva}}{\text{Nettozahlungsabgang unter Stress}} \geq 1$$

Strukturkennziffer (bis 1 Jahr)

$$\text{Net Stable Funding Ratio} = \frac{\text{Tatsächliche stabile Refinanzierung}}{\text{Erforderliche stabile Refinanzierung}} > 1$$

Beobachtungskennziffern („Monitoring tools")

Ablaufbilanz, Refinanzierungskonzentrationen, Möglichkeiten zur besicherten Finanzierung

(Deutsche Bundesbank, 2011, S. 31)

Anhang 4: Struktur der EBA

Strukturell besteht die EBA zum einen aus einem Verwaltungsrat und dem Rat der Aufseher. Dabei beschließt der Rat der Aufseher jegliche politische Entscheidungen mit einer einfachen Mehrheit. (Vgl. Art. 43 Abs. 1 und 2 VO 1093/ 2010; Art. 40 Abs. 1 b VO 1093/ 2010) Dabei sind die Leiter der für die Banken Beaufsichtigung zuständigen nationalen Behörden der jeweiligen MSen stimmberechtigt. (Vgl. Vgl. Art. 44 Abs. 1 VO 1093/ 2010) Der Verwaltungsrat hingegen besitzt im Wesentlichen das Kontrollrecht über die korrekte Ausführung der Aufgaben welche an die EBA übertragen wurden. (Vgl. Art. 47 Abs. 1 VO 1093/ 2010) Er setzt sich aus dem Vorsitzenden des Rats der Aufseher sowie sechs anderen Mitgliedern, die aus den Reichen der stimmberechtigten Mitglieder des Rats der Aufseher bestimmt werden, zusammen. (Vgl. Art. 45 Abs. 1 VO 1093/ 2010)

Anhang 5: Rechenbeispiel zur Eigenkapitalunterlegung beim Kauf von Staatsanleihen

Angenommen eine Bank hält Staatsanleihen mit einem Wert von 100 Mio. Euro, welche mit einem Risikogewicht von Null versehen werden, eine Anlageklasse im Wert von 50 Mio. Euro, die mit einem Risikogewicht von 0,2 versehen werden und eine riskante Anlageklasse im Wert von 30 Mio. Euro, die mit einem Risikogewicht von 1,5 versehen werden müssen. Die risikogewichteten Aktiva der Bank beliefen sich dann auf 55 Mio. Euro, die mit 4,4 Mio. Euro an Eigenkapital unterlegt werden müssen, um eine Eigenkapitalquote von acht Prozent zu erfüllen. Erhöht die Bank ihren Bestand an riskanten Papieren von 30 auf 300 Mio. Euro, so muss sie nun Eigenkapital im Wert von 36,8 Mio. Euro vorweisen, um die Eigenkapitalquote von 8 Prozent zu erfüllen. Wenn die Bank aber statt der Investition in riskante Wertpapiere ihren Bestand an europäischen Staatsanleihen von 100 Mio. Euro auf eine Milliarde Euro erhöht, so muss sie kein zusätzliches Eigenkapital aufnehmen, um die Eigenkapitalquote von acht Prozent zu erfüllen. Das bedeutet, dass Banken Engagements in Staatsanleihen zu 100 Prozent über die Aufnahme von Fremdkapital finanzieren können. (Bauer und Demary, 2013, S. 29)